Friedrich Weissensteiner

Liebe in fremden Betten

Friedrich Weissensteiner

Liebe in
fremden Betten

*Große Persönlichkeiten
und ihre Affären*

Deuticke

Umschlaggestaltung: Studio Hollinger
Umschlagfoto: L'impératrice Joséphine
von Pierre-Paul Prud'Hon, © RMN-Arnaudet
Umschlagrückseite: Madame de Pompadour, Gemälde von
François Boucher, © Bildarchiv d. ÖNB, Wien
Herstellung: Josef Embacher
Druck: Wiener Verlag, Himberg
Printed in Austria
ISBN 3-216-30611-9

INHALT

VORWORT

Auch Herrscher, Staatenlenker und Staatsmänner sind Menschen aus Fleisch und Blut. Sie denken und fühlen, überlegen und handeln, sind Stimmungen unterworfen, haben Bedürfnisse, hegen Hoffnungen, hängen Träumen nach, fällen Entscheidungen, werden von Gewissensbissen und Krankheiten gepeinigt, kurzum: sie unterliegen wie wir alle den Gesetzmäßigkeiten und Zwängen der menschlichen Natur.

Natürlich sind sie auch vor Instinkten und Trieben nicht gefeit, vor Begierden, Begehrlichkeiten, Lüsternheiten und fleischlichen Genüssen, die außereheliche Liebe mit eingeschlossen.

Die französischen Könige des 17. und 18. Jahrhunderts hielten sich neben ihrer Ehefrau ganz offiziell eine Mätresse, die nach einem genau festgelegten Zeremoniell der Hofgesellschaft vorgestellt wurde. Sie spielte je nach Persönlichkeit, Charakter und Bildung eine untergeordnete oder dominierende Rolle, beeinflusste Entscheidungen und griff sogar in die Politik ein. Madame de Pompadour etwa war am Zustandekommen des Bündnisses zwischen den Habsburgern und Bourbonen am Vorabend des Siebenjährigen Krieges maßgeblich beteiligt.

Ich zeige am Beispiel König Ludwigs XV. das Wechselspiel zwischen Liebe und Politik. Das ist nicht nur aufschlussreich, sondern auch spannend und unterhaltsam.

Eine solche Wechselwirkung ist im Intimleben Napoleon Bonapartes nicht feststellbar. Der Kaiser der Franzosen liebte seine beiden Ehefrauen – seiner ersten, Joséphine Beauharnais, war er sogar mit Haut und Haar verfallen –, aber Einfluss auf seine (welt-) politischen Entscheidungen gewährte er ihr nicht. Das Gleiche gilt erst recht für seine zahlreichen außerehelichen Liebschaften. Keine dieser Favoritinnen hat auch nur im Geringsten bei irgendeinem seiner Entschlüsse mitgewirkt.

Ganz anders behandelte sein großer Gegenspieler, der österreichische Staatskanzler und Herzensbrecher Clemens Lothar Fürst Metternich, seine Geliebten. Er benutzte sie, zumindest intentional, als Mittel zum Zweck. Er horchte sie aus, machte mit ihnen, über und durch sie Politik. Nicht bei jeder dieser Damen ist ihm das auch gelungen. Aber wie er es versuchte und anstellte, mit welcher diplomatischen Geschmeidigkeit und Raffinesse, das ist ungeheuer amüsant.

Was war da im Vergleich dazu Ludwig I., der kunstsinnige König von Bayern, für ein undiplomatischer Tollpatsch. Als sich der alternde Monarch im Liebesnetz der schönen, leidenschaftlichen Tänzerin Lola Montez verfing, verlor er die Herrschaft über seine Gefühlswelt und sein Denkvermögen. Die Liaison des Königs stieß bei breiten Bevölkerungsschichten auf Ablehnung und erhielt durch das provozierende Verhalten der zur Gräfin erhobenen Mätresse eine politische Dimension. Im März 1848 erzwang die erregte Münchener Bürgerschaft die Abdankung des Monarchen.

Und die Gattin, wie reagierte sie auf diese Liebestollheit ihres Gemahls? Sie übte sich, wie übrigens auch die anderen Ehefrauen (mit Ausnahme von Joséphine Beauharnais) in vornehmer Zurückhaltung. Man muss ihnen dafür menschlichen Respekt zollen.

Zarin Katharina II. von Russland, die weibliche Mitspielerin in meinem hochkarätig besetzten Seitensprungquintett, spannte ihre wichtigsten Geliebten vor ihren politischen Karren. Grigorij Orlow verhalf ihr zum Thron, Grigorij Potemkin leistete im Süden Russlands hervorragende kolonisatorische Arbeit.

Liebe und Politik sind miteinander eng verwoben. Ihre Wechselbeziehungen sind vielfältiger Natur und geben interessante Einblicke in historisches Geschehen. Auch von diesem Aspekt her betrachtet kann Geschichte mitreißend, sogar atemberaubend sein.

Dr. Friedrich Weissensteiner

DER MÄTRESSENKÖNIG

Ludwig XV. von Frankreich

Im August 1715 herrschte am Königshof von Versailles offensichtliche Betroffenheit. Die Tage Ludwigs XIV., des „Roi Soleil", des „Sonnenkönigs", der das Land 72 Jahre lang regiert hatte, waren gezählt. Das konnte jeder sehen, der Augen im Kopf hatte.

Der 77jährige König war nicht mehr imstande, das Bett zu verlassen. Die Ärzte waren hilflos, der Brand an seinem Bein hatte sich langsam, aber unaufhaltsam über das Knie bis zum Oberschenkel hinaufgefressen.

Ludwig XIV. litt unerträgliche Schmerzen, die er jedoch mit großer Geduld ertrug. Dem Tod blickte er mit Gelassenheit entgegen, die Etikette, die seinem Leben das Gepräge gegeben hatte, blieb bis zum letzten Atemzug gewahrt.

Seine Majestät nahm in Anwesenheit des gesamten Hofes Abschied von den höchsten Würdenträgern des Staates und den Prinzen aus königlichem Geblüt. Zuletzt ließ er am 26. August den Dauphin herbeirufen.

Der Thronfolger war ein hübscher, blass aussehender, schüchterner Knabe von fünfeinhalb Jahren, der Urenkel des Königs. In Begleitung seiner Gouvernante, Madame de Ventadour, betrat er leise den Raum. Der Schwerkranke winkte den Dauphin zu sich an das Bett und richtete folgende Worte an ihn (sie sind authentisch überliefert): „Mein liebes Kind, Ihr werdet der mächtigste König der Welt sein. Vergesst niemals Eure Verpflichtungen gegenüber Gott. Folgt nicht meinem Beispiel, was Kriege anbelangt, bemüht Euch vielmehr, Frieden mit Euren

9

Nachbarn zu halten ... Ich gebe Euch den Pater Le Tellier zum Beichtvater; folgt seinem Rat und erinnert Euch stets der Verpflichtungen, die Ihr Madame de Ventadour gegenüber habt." Dann ersuchte er die Gouvernante, die Fürsorge und Zuneigung, die sie dem Thronfolger bislang entgegengebracht hatte, auch in Zukunft walten zu lassen. Hierauf beugte sich der Knabe zu ihm hinunter, der König küsste ihn auf die Stirn und erteilte ihm seinen Segen. Der Dauphin, der die Tränen nicht mehr zurückhalten konnte, wurde von seiner einfühlsamen Erzieherin eilends in seine Gemächer zurückgeführt. Wie sich leicht denken lässt, ist diese Szene im Gedächtnis des Knaben weit über die Kindheit hinaus haften geblieben.

Ludwig XIV. blieben noch fünf Tage. Am Morgen des 1. September 1715 schied er, mit den Tröstungen der römisch-katholischen Kirche versehen, aus dem Leben.

Kaum hatte der Herrscher die Augen geschlossen, begab sich der Hofstaat, mit dem Herzog von Orléans, dem Großonkel des kleinen Ludwig, an der Spitze, zu den Gemächern des Dauphins, die in einem Seitenflügel des Schlosses lagen, und entbot dem neuen König seine Reverenz. In tiefer Verneigung verharrten die Höflinge vor dem erschrockenen Kind, das in seiner Hilflosigkeit nichts anderes zu tun wusste, als in ein heftiges Schluchzen auszubrechen. Aus heutiger Sicht eine völlig verständliche, natürliche Reaktion. Ob die steifen Hofschranzen auch dieser Meinung waren, ist nirgends verzeichnet. Der Etikette entsprach es wahrscheinlich nicht.

Für Ludwig XV., der zeitlebens unter den Zwängen des höfischen Zeremoniells litt, hatte der Ernst des Lebens begonnen. Schon am Tag nach dem Tod des Königs musste er die Sitzung des Gerichtshofes eröffnen, bei der das Testament seines Vorgängers verlesen wurde. Er sprach den auswendig gelernten Text, den man zu diesem Anlass für ihn verfasst hatte, mit zitternder Stimme. Es war seine erste offizielle Amtshandlung.

Ludwig, der am 15. Februar 1710 in Versailles zur Welt kam, war Vollwaise. Seine Eltern, der Herzog von Bourgogne und Marie

Adelaide von Savoyen, waren knapp hintereinander gestorben, als das Kind zwei Jahre alt war. Auch sein älterer Bruder starb im selben Jahr (1712) an den Masern. Die drei Patienten waren ein Opfer der Ärzte. Sie wurden durch die vielen Aderlässe und die Abfuhr- und Brechmittel, die man ihnen verabreichte, buchstäblich zu Tode kuriert.

Dem kleinen Ludwig rettete Madame de Ventadour das Leben. Sie entführte ihn kurzerhand in ein entlegenes Zimmer des weitläufigen Schlosses und pflegte ihn mit liebevoller Zuneigung und aufopfernder Hingabe gesund. Seither gehörte ihr sein Herz, nannte er sie „Maman". Sie verdiente diese Anrede. Madame de Ventadour war Ludwigs fürsorgliche Ziehmutter.

Der kleine Ludwig blieb weiterhin in der Obhut der Herzogin, die sich nicht nur um seinen labilen Gesundheitszustand, sondern auch um sein geistiges Wohlbefinden kümmerte. Madame wählte seine Kleidung aus, entschied, welche Mahlzeiten ihm vorgesetzt wurden, lehrte ihn beten und ein gottgefälliges Leben zu führen. Sie hat auch insofern seinen Charakter entscheidend geprägt, als sie ihm einschärfte, seine Gefühle und Gedanken sorgsam zu hüten, niemand in sein Herz schauen zu lassen, jedermann mit Misstrauen zu begegnen.

Für Ludwigs Persönlichkeitsentwicklung wirkte sich diese erzieherische Maxime verhängnisvoll aus. Der erwachsene Monarch führte ein Doppelleben. Ludwig XV. war ein Meister der Verstellung. Er benahm sich bei allen öffentlichen Anlässen so, wie man es von einem unumschränkt regierenden Herrscher erwartete: hoheitsvoll, majestätisch und steif. Aber das war nur Fassade. Ludwig XV. empfand das monarchische Zeremoniell als eine schwere Bürde, die ihm durch seine Stellung auferlegt war und die er widerwillig ertrug, ohne es sich anmerken zu lassen. Die Rangstreitigkeiten, die Intrigen und Ränke, die dem französischen Königshof das Gepräge gaben, erfüllten ihn mit Abscheu. Sein ganzes Sinnen und Trachten war daher darauf ausgerichtet, dem verhassten Hofleben in Versailles zu entfliehen, sich in private Reservate zurückzuziehen, wo er der sein konnte, der er war: ein scheuer, gehemmter Mensch, der aber im kleinen

11

vertrauten Kreis durchaus von heiterer Ungezwungenheit sein konnte.

Der kleine Ludwig durfte nie Kind sein, er wuchs ohne Familie und Spielgefährten auf. Er wurde wie ein Erwachsener behandelt, man stellte an ihn Anforderungen, die weit über das entsprechende Alter hinausgingen. Er musste eine Rolle spielen, die nicht zu seinem Wesen passte. Alle diese Umstände waren seiner charakterlichen Entfaltung nicht förderlich.

Im Alter von sieben Jahren begann für den kleinen König von Frankreich, für den selbstverständlich ein Regent und ein Regentschaftsrat die Regierungsgeschäfte führten, ein einschneidender neuer Lebensabschnitt: Seine Erziehung wurde traditionsgemäß in männliche Hände gelegt. Nach einer ärztlichen Untersuchung, bei der festgestellt wurde, dass er gesund und völlig normal gewachsen war, übergab die herzogliche Gouvernante ihren Schützling dem noch vom Urgroßvater ausgewählten neuen Hofmeister, dem alten Marschall Villeroy. „Monsieur, hier ist der Schatz, den mir der selige König anvertraut hat", sagte sie, als sie den Knaben aus ihrer Obhut entließ. „Ich übergebe ihn in bester Gesundheit."

Ludwig war, wie ein Porträt des Siebenjährigen von Hyacinthe Rigaud zeigt, ein ungewöhnlich schöner Knabe. Er hatte ein feingeschnittenes, ebenmäßiges Gesicht, das Liebreiz und Anmut ausstrahlte, große, ausdrucksvolle Augen und dichtes schwarzgelocktes Haar, das bis auf die Schultern fiel. Er war hochintelligent, besaß eine schnelle Auffassungsgabe und ein gutes Gedächtnis, doch mangelte es bereits dem Kind an Selbstbewusstsein.

Der neue Hofmeister, dem man keineswegs besondere pädagogische Fähigkeiten nachsagen kann, versuchte dieses Manko zu beheben, indem er seinem Schützling bei jeder Gelegenheit die Besonderheit seiner Position vor Augen führte und ihm gebieterisches Imponiergehabe einzuimpfen versuchte. Er zwängte den sensiblen Knaben zu häufig in das Korsett des Hofzeremoniells, was dieser verständlicherweise als Martyrium empfand.

Glücklicherweise gab es einen Menschen in der Nähe des Königs, der dem Knaben Verständnis entgegenbrachte und als erzieherisches Gegengewicht zum alten Marschall fungierte. Es war sein Hauslehrer André Hercule de Fleury. Fleury, Bischof von Fréjus (einer Stadt in der Provence), war nicht nur ein vorbildlicher Priester, fromm, genügsam, selbstlos, sondern auch ein ausgezeichneter Pädagoge. Er schenkte dem jungen König die menschliche Wärme, die er für seine Entwicklung benötigte, und er arbeitete auch ein wohl ausgewogenes Erziehungsprogramm für ihn aus. Neben der religiösen Unterweisung die im breit gestreuten Fächerkanon die erste Stelle einnahm, erwarb Ludwig Kenntnisse in Geschichte, Latein, Mathematik, Physik, Chemie und in den Rechtswissenschaften, so dass er nicht nur zu den gebildetsten, sondern auch zu den bestinformierten Monarchen seiner Zeit zählte.

Die körperliche Ertüchtigung wurde ebenfalls nicht vernachlässigt. Der König war ein vorzüglicher Reiter. Die Jagd gehörte zu seinen Lieblingsbeschäftigungen.

Obwohl sich der Knabe dank der Erziehung durch Fleury gut entwickelte, blieb der Kern seines Wesens doch unverändert. Eine Zeitgenossin, die ihn aus der Nähe beobachtete, brachte es auf den Punkt, wenn sie schrieb: „Der junge König sieht gut aus und ist sehr intelligent, aber er ist kein nettes Kind. Er liebt niemanden auf der Welt … er entwickelt eine grundlose Abneigung gegen die Menschen und es macht ihm jetzt schon Spass, scharfe Kritik zu üben."

Ende Juli 1721 erkrankte der junge König schwer. Während eines Messebesuches erlitt er einen Ohnmachtsanfall und musste in seine Gemächer zurückgebracht werden. Er fieberte und klagte über starke Kopfschmerzen. Die Ärzte verordneten ihm Einläufe, die aber keine wesentliche Erleichterung brachten. Hierauf verabreichte man ihm Brechmittel und ließ ihn zur Ader. Der Hofadel und die Bediensteten schüttelten besorgt den Kopf. Wollten die inkompetenten Quacksalber den König wie seine Eltern und den Bruder in das Jenseits befördern? Das medizinische Desaster, das sie ein Jahrzehnt zuvor angerichtet hatten, war noch in frischer Erinnerung.

Diesmal war die Skepsis unbegründet. Der kleine Monarch erfreute sich bald wieder bester Gesundheit. Bei Hof war man erleichtert, in Paris feierte man seine Genesung mit Feuerwerken und anderen Festlichkeiten, in der Kathedrale Notre-Dame erklang ein Tedeum.

Kaum war der König wieder auf den Beinen, wartete der für ihn amtierende Regentschaftsrat mit einer Überraschung auf. Man teilte dem Elfjährigen mit, dass man für ihn eine Braut gefunden habe. Die Wahl war aus politischen Gründen auf die dreijährige Tochter des Königs von Spanien gefallen. Ludwig war untröstlich. Was sollte er mit einem kleinen Mädchen als Spielgefährten anfangen? Er ließ sich dann doch dazu überreden, seiner Verlobten bei ihrer Ankunft in Frankreich entgegenzufahren und sie bei der ersten Begegnung mit dem artigen Satz zu begrüßen: „Madame, ich bin entzückt zu sehen, dass Ihr die Reise in guter Gesundheit überstanden habt."

Die Marionette, die er (noch) war, schenkte der spanischen Infantin am nächsten Tag eine Puppe und ging dann wieder dem Tagwerk nach, wozu unter anderem die Anwesenheit bei Sitzungen, die Teilnahme an Bällen und der Empfang des diplomatischen Korps bei den verschiedensten Anlässen gehörten.

Im Jahr seiner Verlobung, am 25. Oktober 1722, wurde Ludwig in der Kathedrale zu Reims im Rahmen eines feierlichen Pontifikalamtes zum Allerchristlichsten König von Frankreich und Navarra gesalbt und gekrönt. Nicht ganz vier Monate später fand ein anderes wichtiges Ereignis in seinem Leben statt. Ludwig, der zum Jüngling herangewachsen war, wurde volljährig gesprochen. Er ließ die umständliche Zeremonie emotions- und wortlos über sich ergehen. Er war nun dem Namen nach Alleinherrscher. Aber an der Regierungssituation änderte sich vorerst nichts. Der König war noch zu jung, um die Zügel selbst in die Hand zu nehmen. Der Regentschaftsrat, der zum Kronrat wurde, amtierte in anderer Zusammensetzung weiter. Ein paar Mitglieder schieden aus, Fleurys Einfluss nahm zu. Er allein genoss das volle Vertrauen des Herrschers.

Ludwig frönte weiter seiner Lieblingsbeschäftigung, der Jagd. Zum Leidwesen der einflussreichsten Persönlichkeiten bei Hof, die an den Fortbestand der Dynastie dachten, ließ der junge Herrscher keine Hinneigung zum schönen Geschlecht erkennen. Seine kleine spanische Verlobte behandelte er mit demonstrativer Geringschätzung, die Versuche, ihm reife Frauen zuzuführen, um ihm die Freuden der Liebe nahezubringen, schlugen samt und sonders fehl. Er durchschaute das Spiel und entzog sich geschickt allen diesbezüglichen Verlockungen.

Das Thema der Verheiratung des Königs blieb auf der Tagesordnung. Die Zeit drängte. Da die spanische Königstochter für eine Ehe noch lange nicht in Frage kam, wartete der Kronrat auf eine günstige politische Gelegenheit und schickte sie in ihr Heimatland zurück. Philipp V., der König von Spanien, empfand die Entscheidung des französischen Nachbarn als Provokation, aber es blieb ihm nicht anderes übrig, als sie hinzunehmen.

Nun galt es, für den 15jährigen König von Frankreich eine Frau zu finden, die in das politische Konzept des Landes passte, gesund und gebärfähig und womöglich auch noch einigermaßen anziehend war. Mit dieser heiklen Aufgabe wurde der Außenminister betraut, der zielstrebig ans Werk ging. Er ließ eine Liste all jener Prinzessinnen erstellen, die sich als Heiratsware an den europäischen Fürstenhöfen anboten. Sie umfasste die beachtliche Zahl von 99 Damen, deren familiäres Umfeld, politische Gewichtung, Mitgift, Aussehen und Gesittung man einer gründlichen Untersuchung unterzog und beurteilte. Nach dieser ersten Prüfung blieben noch siebzehn übrig. Die Wahl fiel schließlich auf eine Kandidatin, mit der eigentlich niemand gerechnet hatte: auf Maria Leszczyńska, die Tochter des entthronten Königs von Polen, Stanislaus Leszczyński. Sie war einundzwanzig Jahre alt, galt als fromm, sanft und freundlich, war gebildet und klug, aber nicht eben hübsch. Maria lebte mit ihren Eltern im elsässischen Wissembourg in bescheidenen Verhältnissen. Der Vater bezog vom französischen Staat eine Rente, mit der die Familie mehr schlecht als recht auskam. Er und die Tochter fielen aus allen Wolken, als man ihnen das Heiratsprojekt unterbreitete. Sie konnten das Glück kaum fassen, das ihnen so unverhofft zuteil wurde. Selbstverständlich stimmten sie der geplanten Verbindung sofort zu.

Der französische Hofadel brachte dafür wenig Verständnis auf. Er hielt die Braut für zu wenig begütert und zu wenig attraktiv. Im Volk kursierten Spottlieder auf die künftige Herrscherin, Ludwig selbst enthielt sich jeder Äußerung. Da man ein solches Verhalten von ihm gewohnt war, überraschte es niemand.

Nach altem höfischen Brauch fand die Eheschließung zunächst in Abwesenheit des Bräutigams als Ferntrauung statt. Die Zeremonie spielte sich im prachtvoll geschmückten Straßburger Münster ab, wobei das reizlose polnische Aschenbrödel Anmut und Würde bewies, was allgemein mit Wohlgefallen vermerkt wurde. Ein paar Tage später verließ sie an der Spitze eines riesigen Hochzeitszuges die Bischofsstadt am Rhein. Man kam nur mühsam voran. Es hatte unaufhörlich geregnet, die Räder der Karossen und Kutschen blieben auf den schlammigen Straßen stecken. Die Braut ließ es sich nicht verdrießen. Sie machte gute Miene zum bösen Spiel.

Der Hochzeitszug wurde in allen Städten, durch die er kam, von der Bevölkerung freudig begrüßt. Die Bürger stellten sich mit Geschenken aller Art ein, Triumphbögen wurden errichtet, Ansprachen gehalten, Feuerwerke abgebrannt.

Der König fuhr seiner Braut ein Stück Weges entgegen. Als Maria nach dem Aussteigen aus ihrer Karosse das Knie vor ihm beugte, hob er sie zu sich empor und gab ihr mit jugendlicher Unbekümmertheit auf beide Wangen einen herzhaften Kuss.

Die eigentliche Trauung fand am 5. September 1725 mit riesigem Pomp in Fontainebleau statt. Daran schloss sich ein Festmahl, bei dem Mitglieder der Comédie Française Auszüge aus einem Stück von Molière aufführten. Dann zogen sich der König und die Königin in das Schlafgemach zurück.

Natürlich war man bei Hof gespannt, ob der in der Liebe völlig unerfahrene Monarch, der für das andere Geschlecht bislang überhaupt kein Interesse bekundet hatte, die Ehe vollziehen würde. Er tat es, und, wie es scheint, recht ausgiebig. Im 18. Jahrhundert wurde das Intimleben der Könige ausführlich betratscht. Der französische Königshof ging dabei mit schlechtem Beispiel voran. Es nimmt daher nicht Wunder, dass über die Hochzeitnacht Ludwigs XV. die Gerüchteküche förmlich brodelte. Die einen sprachen davon, dass das königliche Ehepaar von elf Uhr abends bis zehn Uhr morgens das Bett teilte. Die anderen wollten sogar wissen, dass der 15jährige Ludwig seine Gattin siebenmal beglückte. Tatsache ist, dass der junge Mann die Liebe entdeckt hatte und von nun an weiblichen Reizen nicht widerstehen konnte. Über Nacht war der König wie verwandelt. Er sprühte vor Lebensfreude, nahm an Hoffesten teil und liebte seine Frau mit leidenschaftlichem Ungestüm. Monatelang verbrachte er jede Nacht in ihrem Schlafgemach.

Die Liebesglut des Herrschers erlosch so rasch wie sie aufgeflammt war. Maria erwies sich bald als langweilige, bigotte Partnerin. Sie machte zudem den Fehler, sich in die Politik einzumischen und auf das falsche Pferd zu setzen, was ihr der König sehr übelnahm.

Ludwig blieb in den ersten acht Ehejahren seiner Frau zwar treu, aber die ursprüngliche innige Bindung wich bald einer traditionellen Liebesroutine. Die Königin verzehrte ihre Kräfte im Kindbett. Sie brachte in zwölf Jahren zehn Kinder zur Welt, zwei Söhne und acht Töchter, die der Einfachheit halber als Madame Premiere, Seconde usw. bezeichnet wurden.

Von der Politik schloss Ludwig XV. seine Frau völlig aus. Er selbst nahm langsam und zögernd die Fäden der Regierung in die Hand, wobei er einen Großteil der Amtsgeschäfte an seine Minister delegierte. Unter diesen spielte Fleury, der Bischof von Fréjus, die bedeutendste Rolle. Der eigensinnige, schlaue, aber nicht eben ideenreiche Gottesdiener war der Premierminister Ludwigs XV., ohne diesen Titel offiziell innezuhaben. Fleury verstand es, den König geschickt zu lenken und traf mit dessen zustimmender Mithilfe die grundsätzlichen Entscheidungen.

Es gab viel zu tun im Frankreich des frühen 18. Jahrhunderts. Der „Sonnenkönig" hatte ein schweres Erbe hinterlassen. Die Finanzlage war katastrophal, die Staatskasse leer. Die königliche Hofhaltung verschlang riesige Summen, die Steuerlast war ungerecht und ungleichmäßig verteilt. Adel und Geistlichkeit, die den Großteil des Grund und Bodens besaßen, waren von jedweder Steuer befreit, die Bürger und vor allem die Bauern wurden ausgebeutet. Wenngleich sich in der Regierungszeit Ludwigs XV. daran nichts änderte, nahm Frankreich doch zunächst einen bemerkenswerten wirtschaftlichen Aufschwung. Das Staatsbudget bilanzierte ausgeglichen, die Währung wurde konsolidiert. Der innere Friede blieb im wesentlichen gewahrt. Außenpolitisch verfolgte Fleury das Ziel, den Frieden zu erhalten, was ihm natürlich nicht gelang. Frankreich griff in die polnische und österreichische Thronfolge ein und beteiligte sich an der Seite des Habsburgerreiches gegen das Preußen Friedrichs II. am Siebenjährigen Krieg (1756-1763).

Der König war 33 Jahre alt, als sein ehemaliger Erzieher und engster Vertrauter starb. Er widmete sich nun verstärkt den Staatsgeschäften.

Ludwig XV. wurde von den Historikern lange Zeit als faul beurteilt, als Nichtstuer und Liebhaber schöner Frauen. Dieses einseitige Bild seiner Herrscherpersönlichkeit kam zustande, weil Ludwig ein Doppelleben führte, das die Geschichtsschreiber lange nicht durchschauten oder ganz einfach nicht zur Kenntnis nahmen. Der König pflegte hart zu arbeiten, allerdings nicht vor den Augen des Hofes und damit der Öffentlichkeit, sondern in der Zurückgezogenheit seiner Privatgemächer. Lange bevor er sich in die offiziellen königlichen Prunkräume begab, um sich dem umständlichen und mühsamen Zeremoniell des „Lever", des Aufstehens und der damit verbundenen Morgenaufwartung des Hofadels, zu unterwerfen, saß er bereits stundenlang im Schlafrock an seinem Schreibtisch über Akten. Der französische König war ein ausgesprochener Federfuchser. Der Staatssekretär des Äußeren, Marquis d´Argenson, berichtet: „Der König verfasst viele Texte selbst, ob es sich um Briefe oder

Denkschriften handelt, und macht oft eine Zusammenfassung seiner Lektüre …" Er richtete Schreiben an ausländische Herrscher, unterschrieb täglich Hunderte von Dokumenten und kontrollierte die Haushaltsausgaben und täglichen Aufwendungen des Hofes. Ohne seinen handschriftlichen Vermerk am Rande einer Rechnung durfte nichts ausbezahlt werden, auch nicht die kleinste Summe. Die Verschwendung bei Hof blieb dennoch groß.

Da sich Ludwig blendend auszudrücken vermochte, regelte er fast alles schriftlich. Dies auch deshalb, weil es dem scheuen Monarchen schwer fiel, mit Menschen in Kontakt zu treten. Im Umgang mit seinen engsten Würdenträgern, den ausländischen Botschaftern und Gesandten, überlegte er jedes Wort, ließ er sich selten auf ein (längeres) Gespräch ein.

Dieses Verhalten, das auch physisch bedingt war – Ludwig XV. litt unter häufigen Entzündungen der Nasenschleimhaut und des Kehlkopfes und war daher oft heiser – , trug ihm den Vorwurf der Kälte, des Hochmuts und der Unnahbarkeit ein. Dieser Eindruck wurde durch seine Neigung zu Schwermut und Melancholie noch verstärkt. In Zeiten solcher Melancholieschübe zog er sich völlig aus der Öffentlichkeit zurück.

Ludwig XV. konnte aber auch, wir haben es schon vermerkt, heiter und ungezwungen sein. Dieser Teil seines Wesens gehörte zu seiner „zweiten Existenz".

Seine Stimmschwäche hemmte den Monarchen auch bei der Ausübung zahlreicher offizieller Pflichten. Da er sich bei Ratssitzungen, Repräsentationsaufgaben und anderen Anlässen im buchstäblichen Sinn des Wortes kein Gehör verschaffen konnte, mussten seine Minister oft seine Standpunkte und Meinungen verlesen, was seiner Autorität nicht gerade zuträglich war.

Am französischen Königshof lief alles nach strengsten Regeln ab. Jede Bewegung, jede Geste, jeder Schritt war genau vorgezeichnet. Diesem Zeremoniell war jedermann unterworfen, vom unscheinbarsten Diener bis zum Monarchen.

Der Tag fing mit dem Lever des Königs an, dessen Beginn der

Herrscher am Vorabend festlegte. Pünktlich zur vorgeschriebenen Minute zog der hierfür vorgesehene Kammerdiener (Valet de Chambre) die Vorhänge des Prunkbettes zur Seite, in das sich Seine Majestät zuvor gelegt hatte (Ludwig XV. verbrachte die Nacht in seinem privaten Schlafzimmer, das ein Stockwerk höher lag als das offizielle Schlafgemach). Nun begann das Ritual der sogenannten Entrées. Die Reihenfolge der Höflinge, die jeden Morgen das königliche Schlafzimmer betreten durften, war genau geregelt und spiegelte deren gesellschaftlichen Rang bei Hof wider. Zunächst betraten die persönlichen Diener und Pagen des Königs den Raum (petites entrées), die für die verschiedensten Handreichungen vorgesehen waren. Es folgten die hohen Beamten und Prinzen von Geblüt (secondes entrées) und darauf die höchsten Würdenträger des Hofes. In deren Anwesenheit sprach der Monarch gemeinsam mit einem Ordensgeistlichen das Morgengebet, wurde gewaschen, rasiert und angekleidet, wobei jeder Handgriff einer Verhaltensvorschrift unterlag. Wer das Lavoir mit Wasser füllte, wer den Sessel zur Frisiertoilette heranrückte und ihm die Perücke aufsetzte, wer ihm welches Kleidungsstück reichte, wer ihm die Seidenstrümpfe und Schuhe anzog, wer wo wann und wie stehen und gehen durfte, wie viele Bücklinge dieser und jener Höfling machen musste, wenn er sich dem König näherte oder sich wieder von ihm entfernte, all das war genau geregelt. Ein Verstoß dagegen konnte ernste Folgen haben, Streitigkeiten um die Rangordnung wurden mit verbissener Zähigkeit ausgefochten und konnten Monate in Anspruch nehmen.

Dem höfischen Protokoll, der strengen Hofetikette, war der gesamte Tagesablauf des Königs unterworfen. Nach dem Lever nahm Ludwig XV., von einem staunenden Publikum umgeben, das eifrigst registrierte, was und wieviel er zu sich nahm, das Frühstück ein. Hierauf besuchte er die Morgenmesse.

Der Vormittag gehörte dann den Staatsgeschäften. Der König konferierte mit seinen Ministern, führte den Vorsitz bei Ratssitzungen, empfing Botschafter und Gesandte, gab Audienzen. Zwischen ein und zwei Uhr mittags war das Diner anberaumt,

Blick auf das Schloß Versailles, Radierung von Jaques Rigaud

zu dem die Öffentlichkeit ebenfalls Zutritt hatte. Das Auftragen und „Verkosten" der Gerichte war natürlich wieder mit allen möglichen Verhaltensregeln verbunden.

Ludwig XV. nahm im Gegensatz zu seinem Vorgänger mittags wenig zu sich. Er rührte viele Speisen gar nicht an und begnügte sich mit etwas Wild, Geflügel oder einem Stück Braten und ein paar frischen oder gekochten Früchten. Beim „Großen Gedeck" am Abend griff er hingegen zuweilen so kräftig zu, dass ihn Übelkeit befiel und er zur Ader gelassen werden musste.

Zum Ausgleich für die arbeitsreichen Vormittage waren die Nachmittage und Abende dem Vergnügen und der Unterhaltung gewidmet. Seiner Lieblingsbeschäftigung, der Jagd, frönte der König in den Parkanlagen, Feldern und Wäldern, die seine zahlreichen Schlösser umgaben, beinahe täglich. Ludwig XV. war nicht nur ein vortrefflicher, unermüdlicher Reiter, sondern auch ein ausgezeichneter Schütze. Das Behagen, das ihm diese körperliche Betätigung verschaffte, förderte sein Wohlbefinden.

Nach der Jagd, die zumeist ein paar Stunden in Anspruch nahm und gewöhnlich gegen 18 Uhr endete, gab es die Abendmahlzeit, an die sich an manchen Tagen Konzerte und Theateraufführungen anschlossen. Die Sonntagabende waren dem Kartenspiel vorbehalten.

Dem „Abendlichen Gedeck", wie dem steifen Zeremoniell insgesamt, konnte der König wenig abgewinnen. Er zog ihm ein „Petit Souper" im engen Familien- und Freundeskreis in seinen Privatgemächern vor.

Zum „Coucher", dem Zubettgehen, musste er sich dann allerdings in sein offizielles Schlafgemach begeben, wo es wie beim Aufstehen wieder höchst zeremoniell zuging. Kaum war der Vorhang des Himmelbettes zugezogen und der letzte Höfling hatte den Raum verlassen, begab sich der König in sein privates Schlafzimmer, um dort die Nacht zu verbringen.

Ludwig XV. war ein Familienmensch. Er liebte seine Töchter zärtlich und hatte zum Dauphin, dem ältesten Sohn, der für die Thronfolge vorgesehen war, ein leidlich gutes Verhältnis. Sowohl am französischen Hof wie an anderen Fürstenhöfen war das keine Selbstverständlichkeit. Er überwachte seine Erziehung und nahm an seiner geistigen und körperlichen Entwicklung Anteil.

Privat war der König ein gewissenhafter, gütiger und rücksichtsvoller Mensch. Diese Eigenschaften blieben den meisten seiner Untertanen jedoch verborgen. Für sie war der Königshof eine ferne, dem Irdischen entrückte Welt, die sie nur vom Hörensagen kannten, der Herrscher eine Art Halbgott, den sie nie zu Gesicht bekamen.

Und die Königin? Wie lief ihr Leben ab? Es war zwar nicht so streng geregelt wie das des Königs, aber ihre Tage waren ausgefüllt.

Maria Leszczyńska war eine fromme, gütige, anspruchslose Frau, die nicht viel von Schönheitspflege hielt. Sie verbrachte die Zeit lieber im Gebet. Sie besuchte die Messe, malte ein wenig, musizierte, las historische Bücher, unterhielt sich mit den Hofdamen, stickte und fertigte Handarbeiten aller Art an. An der Seite des Königs war sie nur bei Festen und Feierlichkeiten, auf Bällen und Empfängen zu sehen. Auf die Jagd begleitete sie ihn nie.

Die Mahlzeiten, die sie des öfteren allein einnahm, unterlagen auch in ihrem Fall der Etikette. Der weitgereiste Abenteurer, Schriftsteller und Liebhaber von Graden, Giacomo Casanova, hat uns eine Schilderung des Rituals hinterlassen, das damit verbunden war. „Ich betrat einen Saal", berichtet er, „in dem zehn oder zwölf Höflinge herumstanden, und sah eine Tafel, groß genug für zwölf, die zur Mahlzeit gedeckt war, aber nur für eine Person." Als er fragte, für wen die Tafel hergerichtet sei, erhielt er zur Antwort: Für die Königin. „Die Königin von Frankreich erschien ohne Rouge", fährt er in seiner Schilderung fort, „mit einer großen Haube und sah alt und fromm aus. Sie dankte zwei Nonnen, die einen Teller mit frischer Butter auf den Tisch stellten, und setzte sich. Die Höflinge stellten sich ein paar Schritte von dem Tisch entfernt im Halbkreis auf; ich gesellte mich im tiefsten Schweigen zu ihnen. Die Königin begann zu essen, ohne jemanden anzusehen oder die Augen vom Teller zu erheben. Sie hatte von einem Gericht gegessen, und da es ihr schmeckte, nahm sie noch einmal davon. Dabei musterte sie jedoch alle Anwesenden, anscheinend um zu sehen, ob sie einem von ihnen Rechenschaft über ihren Appetit geben müsse." Dann richtete sie das Wort an einen der adeligen Umhersteher, stellte fest, dass das Hühnerfrikassee jedem anderen Ragout vorzuziehen sei, aß zu Ende und kehrte in ihre Gemächer zurück.

Um ihr Schicksal war die polnische Königstochter nicht zu beneiden. Nach der Geburt von Zwillingen 23 Monate nach der Eheschließung war sie im folgenden Jahrzehnt fast jedes Jahr schwanger. Diese viele Schwangerschaften zehrten an ihrer Kraft und machten sie keineswegs attraktiver.

Glaubt man den Aussagen einer Zofe, die ein Zeitgenosse kolportierte, verweigerte sie dem Gatten über Anraten der Ärzte während der Schwangerschaft den Geschlechtsverkehr und benahm sich im Bett überhaupt höchst seltsam. Da sie Angst vor Gespenstern hatte, musste ihr eine Dienerin die ganze Nacht die Hand halten, sie stand oft auf, um Wasser zu lassen und nach ihrem Hund zu sehen und fror im ungeheizten Schlafzimmer ganz erbärmlich. Schließlich verweigerte sie sich dem König überhaupt, ihren Gesundheitszustand vorschützend.

Ob das Tratschgeschichten sind, die erfunden wurden, um die Seitensprünge Ludwigs XV. zu entschuldigen und seine Mätressenwirtschaft moralisch zu rechtfertigen, wer weiß es? Die Geschichtsschreiber vermuten jedenfalls, dass der König etwa ab dem Jahr 1737 mit der Königin nicht mehr schlief (die Bettlaken des Königs und der Königin wurden von den Bediensteten täglich nach Liebesspuren untersucht, und das Ergebnis machte am Hof die Runde) und sich bereits einige Zeit mit einer Geliebten vergnügte.

Gegen Ende des Jahres 1732 war das Auge Ludwigs XV. auf eine Hofdame gefallen, die seiner Gemahlin als Zofe diente. Sie stammte aus einem alten, verarmten Adelsgeschlecht, war so alt wie er und mit einem entfernten Cousin, dem Grafen von Mailly, verheiratet. Louise-Julie war keine Schönheit. Sie hatte „ein langes Gesicht, eine große Nase, einen breiten Mund, schöne große Augen mit einem lebhaften Ausdruck, einen hässlichen Busen, doch wohlgeformte Beine", beschreibt sie ein zeitgenössischer Beobachter. Aber sie war charmant, hatte ein frohes Gemüt, war geistreich und unterhaltsam.

Wann genau die Liebesbeziehung zwischen dem König und der Gräfin ihren Anfang nahm, lässt sich nur vermuten. Als wahrscheinlichstes Datum wird in der Literatur das Frühjahr 1733 genannt. Ludwig XV. legte größten Wert auf Geheimhaltung. Tatsächlich wusste man bei Hof jahrelang nichts von der Liaison, da außer dem Kammerherrn des Königs und zwei Höflingen niemand eingeweiht war. Die Königin wird aus dem veränderten Verhalten des Gemahls wohl ihre Schlüsse gezogen haben.

Ludwig XV. gewährte seiner ersten Mätresse keine besonderen Vorrechte. Um nur ja keinen Verdacht aufkommen zu lassen, gestand er ihr weder eine Rangerhöhung zu noch verwöhnte er sie mit Geldzuwendungen. Gräfin Louise-Julie Mailly-Nesle drängte ihn auch nicht dazu. Sie begnügte sich damit, jeden Abend ein paar Stunden in seiner Nähe zu sein, ihn zu unterhalten, seiner Liebe teilhaftig zu werden. An irgendwelche Einflussnahme dachte sie in ihrer Bescheidenheit nicht.

Der König wusste ihre noble Zurückhaltung und frische Natürlichkeit zu schätzen. Er fand bei ihr jene intime Vertraulichkeit, die er gern hatte und die ihm die Gemahlin nicht geben konnte. Die ehebrecherische Beziehung lastete allerdings schwer auf seinem Gewissen. Sie war mit seiner Frömmigkeit und den Gesetzen der Kirche nicht in Einklang zu bringen. Der gläubige Monarch wurde vor allem vor den Osterfeiertagen, wenn er in der Schlosskapelle die Kommunion zu empfangen pflegte, von Schuldgefühlen gepeinigt. Ein paar Wochen später kam er dann damit wieder gut zurecht.

Schließlich holt der Allerchristlichste König von Frankreich zu einem persönlichen Befreiungsschlag aus. Zu Ostern 1738 geht er nicht zur Beichte und er kommuniziert auch nicht. Der Hof weiß dieses Verhalten richtig zu deuten.

Die Jahre der Scheinheiligkeit sind vorüber. Ludwig XV.

bekennt sich öffentlich zu seiner Mätresse. Er behandelt seine Gemahlin mit ostentativer Geringschätzung und scheut auch nicht davor zurück, sie zu brüskieren, wenn ihm der Sinn danach steht. Sie muss es sich gefallen lassen, sich damit abfinden, dass sie am Königshof keine Rolle mehr spielt.

Die Gräfin Mailly, die sich seit Jahren der Gunst des Königs erfreut, bleibt bescheiden. Sie nutzt ihre Stellung nicht aus. Ihre Güte und Anspruchslosigkeit wird nicht belohnt. Sie wird als Herzensdame des Monarchen abgelöst, und zwar von ihrer eigenen Schwester. Sie hat Pauline an den Hof gezogen, sie dem König vorgestellt und muss nun zusehen, wie sie von ihr in den Hintergrund gedrängt wird. Es ist eine bittere Enttäuschung. Aber sie begehrt nicht auf, sondern nimmt es mit stiller Resignation zur Kenntnis.

Pauline wird rasch mit einem Strohmann verheiratet und richtet sich in Versailles häuslich ein. Sie ist aus einem anderen Holz geschnitzt als die gutmütige Louise-Julie. Sie ist lebhaft und geistreich und beherrscht die Kunst der leichten, gepflegten Konversation. Resolut und ehrgeizig, versucht sie auf die Entscheidungen des Königs Einfluss zu nehmen, ihm ihren Willen aufzuzwingen. Es ist durchaus möglich, dass sie damit Erfolg gehabt hätte. Aber das Schicksal macht ihr einen Strich durch die Rechnung. Pauline wird schwanger, erkrankt nach der Geburt an Kindbettfieber und stirbt in den Armen ihrer barmherzigen Schwester.

Der König ist todunglücklich und einige Tage lang für niemanden zu sprechen. Aber er findet sein seelisches Gleichgewicht wieder, und nach einiger Zeit bringt auch eine neue Geliebte wieder Freude in sein Leben: Marie-Anne, die jüngste Schwester von Louise-Julie und Pauline. Die Favoritinnenposition am französischen Königshof bleibt in der Familie.

Marie-Anne ist um sieben Jahre jünger als Ludwig, groß, hübsch, intelligent, stolz und ehrgeizig. Sie hat mit fünfzehn Jahren geheiratet, ist mit ihren fünfundzwanzig Jahren aber bereits verwitwet. Ihr Gemahl hat ihr den Gefallen getan, nach achtjähriger Ehe aus dem Leben zu scheiden.

Marie-Anne verhält sich klüger und zielstrebiger als ihre beiden Schwestern. Sie weist die Avancen Ludwigs XV. zunächst zurück. Sie will sich nicht mit ein paar Almosen zufrieden geben, ein Aschenbrödeldasein führen. Sie stellt Bedingungen, bevor sie mit dem König ins Bett steigt. Sie will als „Maîtresse en titre", als offizielle Mätresse des Königs gelten, sie verlangt prunkvolle Gemächer mit einem eigenen Hofstaat in Versailles und eine entsprechende finanzielle Absicherung. Der König, rasend in sie verliebt, gewährt ihr alle diese Privilegien.

Am französischen Königshof ist eine Situation eingetreten, die man bereits aus der Regierungszeit Ludwigs XIV. kennt. Es gibt eine Königin, die ein zurückgezogenes, kaum beachtetes Leben führt, und eine Mätresse, die bei Hof die erste weibliche Geige spielt. Denn Marie-Anne, vom König zur Herzogin von Châteauroux ernannt, nutzt ihre Stellung weidlich aus. Sie mischt sich in die Politik ein und drängt den König – Frankreich befindet sich im Krieg gegen das Habsburgerreich Maria Theresias –, den Oberbefehl über die Armee zu übernehmen. Ludwig XV. macht seine Sache gut. „Der König wirkt aufmerksam, tapfer, er redet mit seinen Truppen, ist rücksichtsvoll, gründlich, arbeitet hart und ist vor allem diskret", urteilte ein ihm nahestehender Beobachter.

Die ehrgeizige Mätresse, die in Versailles zurückgeblieben ist, hört es mit Genugtuung. Sie ist froh darüber, dass Ludwig, der seit dem Tod Fleurys alle politischen Entscheidungen selbst trifft, sich auch auf militärischem Gebiet Ansehen verschafft hat. Aber sie macht jetzt einen schweren Fehler. Sie reist dem König heimlich ins Feld nach. Als es publik wird, gibt es einen handfesten Skandal. Die Generäle sehen es nicht gerne, dass sich die Mätresse beim Heer herumtreibt, dass die ehebrecherische Beziehung des Königs vor aller Welt zur Schau gestellt wird.

Es kommt noch schlimmer. Anfang August 1744 erkrankt Ludwig XV. so schwer, dass man täglich mit seinem Ableben rechnen muss. Sein Beichtvater ist nur dann bereit, ihm die Sterbesakramente zu spenden, wenn er für seine ehelichen Verfehlungen vor Gott öffentlich Abbitte leistet und sich von seiner

Mätresse lossagt. Ludwig XV. gibt eine diesbezügliche schriftliche Erklärung ab, die sogleich an alle Gemeinden des Königreiches verschickt wird. Marie-Anne muss zurück nach Versailles. Auf dem Weg dorthin ist sie Beschimpfungen ausgesetzt, ihr Karosse wird mit Steinen beworfen.

Der König leistet seiner Gemahlin, die ans Krankenlager geeilt ist, Abbitte. Wie durch ein Wunder bleibt er am Leben. Nach seiner Genesung begibt er sich wieder zum Heer und kehrt erst nach Beendigung des Feldzuges in seine Hauptstadt zurück. Gespannt beobachtet man jeden Schritt, den der Herrscher setzt. Hat ihn seine schwere Erkrankung, die viele für einen Wink Gottes halten, geläutert? Wird er die ehelichen Beziehungen zu seiner Frau wieder aufnehmen oder, was manche befürchten und andere hoffen, rückfällig werden? Letzteres ist der Fall. Ludwig XV. bricht die gegebenen Versprechungen und Eide, die man ihm abgetrotzt und aufgezwungen hat. Er führt sein Liebesverhältnis mit Madame de Châteauroux weiter, aber auf der Verbindung liegt offenbar ein Fluch. Marie-Anne erkältet sich, bekommt hohes Fieber und erliegt innerhalb weniger Tage einer Lungenentzündung. Bei der Nachricht von ihrem Tod begibt sich der König auf eines seiner Schlösschen in der Umgebung von Paris und liefert sich der Trauer aus. Er verweigert die Nahrung und verbringt mehrere Tage hinter verschlossenen Türen. Erst nach drei Wochen besinnt er sich wieder seiner herrscherlichen Pflichten. Bald wird er sich auch eine neue Mätresse zulegen.

Ein neuer, wichtiger Abschnitt in seinem Leben nahm seinen Anfang.

Im Karneval 1745 wurde am französischen Königshof ein Fest nach dem anderen gefeiert. Das bunte Treiben steuerte am 25. Februar einem Höhepunkt zu, als im prachtvollen Spiegelsaal von Versailles ein Maskenball stattfand, an dem sich selbstverständlich auch die königliche Familie beteiligte. Der Dauphin, der ein paar Tage zuvor die spanische Infantin Marie-Thérèse geheiratet hatte, erschien als Gärtner verkleidet, die

Dauphine gefiel sich in der Maske einer Blumenhändlerin. Trotz aller Verstellungskunst konnten sie ihre Identität vor den Augen der Höflinge, deren ganze Aufmerksamkeit jedoch dem König galt, nur schwer verbergen. In welcher Verkleidung würde er erscheinen? Die Neugierde der Besucher wurde lange auf die Folter gespannt. Aber dann wurde mitten im Ballgeschehen eine der Glastüren des Saals geöffnet und herein kamen auf leisen Sohlen acht als Eiben verkleidete Gestalten. Eine davon musste wohl der König sein, aber welche? Ein allgemeines Rätselraten begann. Es hatte erst ein Ende, als Ludwig, dem unter seiner Verkleidung die Hitze unerträglich geworden war, ein wenig die Maske lüftete. Er hatte sich stundenlang nur einer als Diana kostümierten Dame gewidmet, mit der er alsbald den Blicken der gaffenden Menge entschwand.

Wer verbarg sich hinter der römischen Göttin, der der Monarch so offenkundig seine Gunst erwiesen hatte? Man fand es bald heraus. Ein adeliger Ballteilnehmer hielt kurze Zeit später in seinen Memoiren fest: „Alle Maskenbälle haben Anlass dazu gegeben, von den neuen Liebschaften des Königs zu reden, vor allem mit einer Madame d'Etoile, die jung und hübsch ist. Ihre Mutter hieß Poisson. Man behauptet, dass sie seit einiger Zeit hier lebt und der König sich für sie entschieden habe. Falls das stimmt, wird es sich wahrscheinlich nur um ein Abenteuer und nicht eine Mätresse handeln."

Der Standesherr irrte. Es handelte sich um keine vorübergehende Liebschaft des Königs, sondern um eine Beziehung, die zwei Jahrzehnte dauern sollte. Die junge Frau, die dem König von Frankreich den Kopf verdreht hatte, war niemand anderer als die spätere Marquise de Pompadour.

Die „Pompadour" wurde am 29. Dezember 1721 als Jeanne-Antoinette Poisson in Paris geboren. Sie war bürgerlicher Abkunft. Ihr Vater, der einer in Nordfrankreich beheimateten Taglöhnerfamilie entstammte, brachte es in der Hauptstadt im Dienst einer mächtigen Bankiersfamilie zu Wohlstand. Die Mutter, eine Metzgerstochter, war eine ausgesprochene Schönheit, die ihre körperlichen Vorzüge geschickt für den Verkehr in

Kreisen der großbürgerlichen Hochfinanz zu nutzen verstand. Sie ließ ihrer Tochter, mit der sie Großes vorhatte, eine gediegene Bildung angedeihen. Jeanne-Antoinette wurde bis zu ihrem zwölften Lebensjahr in einem Ursulinen-Kloster erzogen, erhielt später Gesangs- und Tanzunterricht und lernte in einem mondänen Salon die Kunst der gepflegten Konversation und des kultivierten Umgangs in den vornehmsten Gesellschaftsschichten. Insgesamt erhielt das bezaubernde Mädchen eine Ausbildung, die den Töchtern aus adeligen Familien um nichts nachstand.

Jeanne-Antoinette war im Alter von zwanzig Jahren eine erstklassig gebildete junge Frau, die über einen ausgesucht guten Geschmack, einen klugen Verstand, ein gesundes Urteilsvermögen, eine wache Intelligenz, eine lebhafte Phantasie und ein rasches Auffassungsvermögen verfügte. Mit so vielen Vorzügen und hervorragenden Eigenschaften ausgestattet, stand ihr sozusagen die Welt offen, war ihr die gesellschaftliche Anerkennung sicher.

Die ehrgeizige Mutter fand auch bald einen geeigneten Partner für sie. Sie verheiratete ihre begehrenswerte Tochter mit Charles Guillaume Le Normant, der zwar kein Aristokrat war, aber ein bestens situierter, hochangesehener Mann.

Das junge Paar schlug sein Domizil im Château d'Etoile auf, einem etwa sechzehn Kilometer von Paris entfernten Landschloss, das bald zum Mittelpunkt des gesellschaftlichen Lebens in der ganzen Umgebung wurde. Der verliebte Gatte ließ dort für seine angebetete Frau sogar ein Theater bauen, wo die bestrickende Gastgeberin, die die Herzen ihrer Besucher im Sturm eroberte, Proben ihre Schauspielkunst zum Besten gab.

Jeanne-Antoinette war eine talentierte Mimin. Sie besaß eine reizende Singstimme und spielte verschiedene Musikinstrumente. Zu ihren Gästen zählten nicht nur Adelsfamilien, sondern auch führende Intellektuelle, unter ihnen der berühmte Philosoph Voltaire, der ihr ein glänzendes Zeugnis ausstellte. Sie sei gut erzogen, klug, liebenswürdig, voller Grazie und Talent, habe einen gesunden Menschenverstand und das Herz auf dem rechten Fleck, wusste er von ihr zu berichten.

Madame de Pompadour, Gemälde von François Boucher

Die Herrin von Schloss Etoile hätte es sich bequem machen und mit ihrem Leben zufrieden sein können. Sie hatte einen aufmerksamen Gatten, lebte im Wohlstand, war angesehen, man schätzte und verehrte sie. Im 18. Jahrhundert, in dem die Schranken zwischen den einzelnen Gesellschaftsschichten beinahe unüberwindbar waren, konnte sich eine Bürgerliche nicht mehr erwarten. Aber Jeanne-Antoinette war ehrgeizig, sie strebte nach dem Höchsten: sie wollte die Mätresse des Königs werden. Dieses Ziel hatte ihr ihre Familie, vor allem die Mutter, vorgegeben, und sie tat alles Menschenmögliche, um es zu erreichen. Bei den Jagden, die der König in der Nähe ihres Schlosses veranstaltete, setzte sie sich so geschickt in Szene, dass sie der Frauenliebhaber ganz einfach nicht übersehen konnte. Es dauerte dann noch eine Weile, ehe sie dem König von Angesicht zu Angesicht gegenüberstand. Bei diesem geheimen Rendezvous leistete ihr ein entfernter Verwandter, der als Kammerherr des Monarchen in Versailles tätig war, wertvolle Vermittlerdienste.

Obwohl der König von Frankreich und die schöne Madame d´Etoile ihren Liebesbund bereits im Bett besiegelt hatten und Jeanne-Antoinette schon in Versailles wohnte, gab es bis zu ihrer Anerkennung als offizielle Mätresse Ludwigs XV. noch zahlreiche Hindernisse und Schranken zu überwinden. Für die Erreichung dieses Zieles setzten Ludwig und seine Geliebte mit viel Umsicht, Ausdauer und Konsequenz Schritt um Schritt.

Zunächst wurde die Ehe von Jeanne-Antoinette gelöst. Guillaume Le Normant war tief betroffen, als ein Gericht über seinen Kopf hinweg die Trennung von seiner Frau verfügte. Aber er konnte nichts dagegen tun. In einer absoluten Monarchie ist der Wille des Monarchen Gesetz. Das wusste er. Also fügte er sich in sein Schicksal und zog sich in die Provinz zurück. Man könnte auch sagen, er wurde dorthin verbannt. Seine Frau hat er nicht wiedergesehen.

Nun galt es, die Geliebte hoffähig zu machen. Nach einem ungeschriebenen Gesetz hatte eine Bürgerliche keinen Zutritt zum französischen Königshof. Für dieses Problem fand sich bald eine Lösung. Im Jahre 1740 war eine Madame de Pompadour als Letzte ihres Geschlechtes gestorben. Ludwig XV. kaufte Land, Titel und Wappen der Familie und schenkte sie der Geliebten.

Die frischgebackene Madame de Pompadour durfte sich aber auch jetzt bei Hof offiziell nicht zeigen. Sie musste von einer Adeligen der Königin vorgestellt werden. Dazu fand sich zunächst niemand bereit. Gegen die neue Favoritin des Königs gab es in der Hofaristokratie und weit darüber hinaus erhebliche Vorbehalte und Vorurteile. Man schmähte und verschmähte sie nach allen Regeln der Kunst. Spottlieder über das Fräulein Poisson, sogenannte Poisonaden, machten die Runde, sie wurde wegen ihrer niederen Herkunft gebrandmarkt, man verbreitete unverschämte Lügen über ihren Lebenswandel.

Die Aufgabe, diese Dame bei Hof einzuführen, konnte zur tödlichen Blamage werden.

Schließlich war nach längerem Suchen die greise Prinzessin Corti zu dieser heiklen Mission bereit. Sie tat es nicht aus Überzeugung, sondern aus Eigennutz. Der König versprach ihr dafür die Bezahlung ihrer hohen Spielschulden.

Das Schauspiel der Präsentation der neuen königlichen Mätresse ereignete sich am späten Nachmittag des 14. September 1745. Es gab kaum jemanden in Versailles, der es sich entgehen ließ. Mit fieberhafter Spannung erwarteten die Höflinge den ersten Auftritt von Mademoiselle Poisson am Königshof. Viele von ihnen hofften, dass sie einen Fauxpas begehen, sich vor aller Augen durch eine falsche Körperhaltung, eine unangebrachte Geste, einen ungeschickten Schritt, ein unpassendes Kopfnicken blamieren würde. Madame de Pompadour tut ihnen diesen Gefallen nicht. Majestätisch, in tadelloser Haltung, so als wäre sie an einem Königshof aufgewachsen, schreitet sie in ihrer Prachtrobe an ihnen vorbei, macht vor dem König einen gekonnten Hofknicks und begibt sich sodann durch den Spiegelsaal zum Gemach der Königin. Die Spannung im Schloss von Versailles erreicht ihren Höhepunkt. Wie wird die Königin reagieren? Wird sie der Nebenbuhlerin die kalte Schulter zeigen, sie brüskieren? Alle Blicke sind auf die beiden Frauen gerichtet, die einander nun Aug in Aug gegenüberstehen. Maria Leszczyńska enttäuscht alle jene am französischen Königshof, die erwartet haben, dass sie der dahergelaufenen bürgerlichen Hure (als solche wird sie von vielen bezeichnet) eine heftige verbale Ohrfeige versetzt. Sie tut nichts dergleichen. Sie tritt der Rivalin mit vornehmer Reserviertheit entgegen, führt mit ihr ein kurzes, freundliches Gespräch. Die Mätresse ist so verblüfft, dass sie nur den Satz hervorzupressen vermag: „Madame, ich habe den leidenschaftlichen Wunsch, Ihnen zu gefallen." Sie beugt sich nieder und küsst vorschriftsmäßig den Kleidersaum der Königin. Dann verlässt sie rückwärts gehend, ohne sich in die Schleppe ihres Kleides zu verfangen, den Raum. Sie hat die Probe bestanden. Ab diesem Zeitpunkt ist sie ein wesentlicher, bestimmender Teil des französischen Königshofes.

Die neue „Maîtresse en titre", die offizielle Nebenfrau des französischen Königs, ist anders als ihre Vorgängerinnen. Die aristokratischen Höflinge merken es bald. Sie nehmen es teils staunend, teils grollend zur Kenntnis. Die „Pompadour" begnügt sich nicht mit der Rolle einer bloßen Gefährtin, die dem Herrscher willenlos zu Diensten steht, ihm die Nächte versüßt, seine erotischen Wünsche erfüllt. Das tut sie wohl auch, zumindest in den ersten stürmischen Jahren ihrer Beziehung. Aber die zur Aristokratin avancierte Dame aus dem gesellschaftlichen Mittelstand ist eine eigenständige Persönlichkeit, die sich wohl in die Etikette, in die gekünstelte Floskelhaftigkeit aller Lebensäußerungen, einfügt, aber sich von ihr nicht totschlagen lässt. Sie besteht auf selbständigem Urteil, auf eigenständige Entscheidungen. Sie richtet die Räume, die ihr zur Verfügung gestellt werden, nach ihrem Geschmack ein, gibt ihnen eine persönliche Note.

Der König lässt sie gewähren. Er schätzt ihr Formgefühl, ihren Sinn für Eleganz, er findet in diesen Räumen die Muße, die Zuflucht, die Privatatmosphäre, nach der er sich sehnt. „Was ich bei Ihnen vor allem liebe", sagt er eines Tages zu ihr, „ist Ihre kleine Treppe."

Über diese Geheimtreppe gelangt er von einer Minute zur anderen von der Welt der Prachtentfaltung, die ihm im Grunde seines Herzens verhasst ist, in die heimelige Privatwelt, die er schätzt. Er benutzt diese Wundertreppe mehrere Male am Tag. Madame de Pompadour unternimmt alles, um den Geliebten bei guter Laune zu halten, ihn zu amüsieren, zu erheitern, abzulenken. In der heiteren Atmosphäre, die sie in ihren Gemächern schuf, fühlte sich Ludwig XV. wohl, ging er aus sich heraus, war fröhlich, liebenswürdig und mitteilsam.

Die eigentliche Domäne der kunstsinnigen, intelligenten Mätresse waren jedoch die Privatgemächer des Königs im obersten Stockwerk von Versailles. Ludwig XV. saß dort stundenlang an seinem Arbeitstisch und ging dort auch seiner Lieblingsbeschäftigung, der Elfenbeinschnitzerei, nach.

In diesen geschmackvoll ausgestatteten Räumen fanden auch die intimen Soupers statt, zu denen nur die Günstlinge des Königs Zutritt hatten und bei denen die Pompadour mit kluger, geschickter Hand Regie führte. Wer eingeladen wurde, bestimmte sie. Sie lenkte auch mit dem ihr angeborenen Feingefühl die Art der Unterhaltung und die Gesprächsführung, ohne auch nur den leisesten Anschein der Aufdringlichkeit zu erwecken. Mit sanfter Behutsamkeit, hinter der eine wohl überlegte weibliche Strategie stand, steuerte sie die privaten Interessen des Königs in die ihr genehme Richtung, beeinflusste seine Urteile und Entscheidungen. So richtete sie in Versailles mit seiner Zustimmung und finanziellen Unterstützung ein kleines Privattheater ein, in welchem sie selbst in neuen Stücken zumeist die Hauptrolle spielte. Der König war von ihrer Schauspielkunst begeistert und zollte ihrem Talent öffentlich Anerkennung.

Madame de Pompadour liebte nicht nur das Theater. Sie besaß einen ausgeprägten Kunstsinn, sie hatte Geist und Kultur. Eine Vorliebe, die sie mit dem König teilte, war der Bau und die Einrichtung von Schlössern. Im Laufe ihres Mätressendaseins kaufte und verkaufte sie eine erkleckliche Anzahl von Palästen, Schlössern und Landhäusern, die sie mit kostbarsten Möbeln und Gemälden ausstatten ließ. Die Aufträge, die sie zu diesem

Zweck erteilte, verschlangen Unsummen, die sie nur zum Teil aus der eigenen Schatulle bestreiten konnte (die Pompadour war vermögend und besaß eine gehörige Portion Unternehmersinn). Der König musste immer wieder in die Bresche springen. Das belastete den Staatshaushalt, gab den Neidgefühlen der Hofgesellschaft neuen Auftrieb und vertiefte die Abneigung und den Hass, der ihr von breiten Bevölkerungsschichten entgegengebracht wurde. Man sah nur ihre Verschwendungssucht und übersah das Mäzenatentum, das damit verbunden war. Freilich, wenn die Menschen darben, und Millionen Franzosen haben zur Zeit Ludwigs XV. Not gelitten, haben sie dafür mit Recht kein Verständnis.

Unempfindlich für diese Not des Volkes war die Marquise allerdings nicht. Sie gab beträchtliche Beträge für die Armenfürsorge aus. Aber es war eben alles nur ein Tropfen auf einen heißen Stein.

Den geistigen Strömungen der Zeit, die man heute unter dem Begriff „Aufklärung" zusammenfasst, brachte Madame de Pompadour großes Verständnis entgegen. Sie stand mit den wichtigsten Denkern der Aufklärungsphilosophie, mit Voltaire, Diderot, Montesquieu und anderen in brieflicher Verbindung, las ihre Werke, unterstützte ihre fortschrittlichen Ideen. Sie war eine moderne, freimütig denkende Frau.

Obwohl sie selbst durchaus religiös war und jeden Morgen die Messe besuchte, stand sie der Amtskirche und ihren Würdenträgern mit kritischer Distanz gegenüber. „Der christliche Glaube ist wahr, heilig und tröstlich; es geht nicht darum, ihn zu vernichten, sondern die Missbräuche zu beseitigen", schrieb sie dem Schriftsteller und Staatsdenker Charles de Montesquieu, dessen grundlegendes Werk „Vom Geist der Gesetze" sie schätzte. Mit diesem Urteil erwies sie sich übrigens als eine kultivierte, hellsichtige Dame von Welt.

„Glaube ist gut; nur seine Diener sind oft von Übel", spann sie ihre Gedanken in diesem Schreiben weiter. „Ich erlebe es übrigens jeden Tag, dass die römische Kirche schlechte Untertanen hervorbringt... unsere Bischöfe sind keine Franzosen, sondern päpstliche Untertanen." Und über die Beichte meinte sie: „…wie kann man sein Herz einem Unbekannten öffnen, der sich vielleicht über uns amüsiert und selber ein ebenso großer Sünder ist? Das Fasten, das man uns auferlegt, missfällt mir nicht minder; es ist eine Sache für den Arzt."

An der Vertreibung der Jesuiten aus Frankreich hatte die Pompadour einen nicht unwesentlichen Anteil. Man kann verstehen, dass die Kirche und der Klerus diese Frau mit allen Mitteln bekämpfte. Man betrachtete sie als Sünderin, als Todfeindin, die man unschädlich machen musste.

Das Liebesverhältnis zwischen dem König und seiner beim Volk verhassten Mätresse war nicht von langer Dauer. Schon nach etwa fünf Jahren wandte sich Ludwig XV. von der Pompadour ab und anderen Frauen zu. Die Erklärung hierfür ist in der sexuellen Unersättlichkeit des Monarchen zu suchen, der sie rein physisch offenbar nicht gewachsen war. Vergeblich versuchte sie der „trauerentenhaften Kälte", die sie selbst an sich beklagte, durch Aphrodisiaka entgegenzuwirken. Sie aß Trüffeln und Krebse, würzte ihre Schokolade mit einer dreifachen Portion Vanille und einer Dosis Amber. Einer Kammerzofe, die Bedenken äußerte, erwiderte sie: „Liebe Freundin, ich habe solche Angst, den König zu verlieren … Sie wissen doch, dass Männer bestimmte Dinge nun einmal besonders schätzen, und es ist mein Unglück, dass ich von Natur aus so kalt bin …"

Die (vermeintlichen) sexuellen Aufputschmittel halfen nicht. Ihr zarter Körper war dem kräfteraubenden Hofleben, das sie führte, in ihrer Position führen musste, nicht gewachsen. Die vielen Reisen von einer Residenz zur anderen, die Repräsentationspflichten, der Spott und Hohn, den man über sie ausgoss und nicht zuletzt die Fehlgeburten waren eine physische und psychische Belastung, der sie auf die Dauer nicht standhielt. Sie litt an Tuberkulose, spuckte Blut, musste immer öfter das Bett hüten. Einer ihrer erbarmungslosesten Feinde, Kriegsminister d′Argenson, kommentierte ihren körperlichen Verfall mit unverhohlener Schadenfreude: „Die Marquise verändert sich von Tag zu Tag und wird dürr wie ein Skelett", schrieb er. „Die untere Partie des Gesichts ist gelb und vertrocknet, und von Busen kann gar keine Rede mehr sein."

Bei Hof blieb die Veränderung in den Beziehungen zwischen dem König und der „Maîtresse en titre" natürlich nicht unbemerkt. Die zahlreichen Gegner der Pompadour schöpften Hoffnung. Ludwig XV. hatte sich bislang jeder seiner Mätressen entledigt, wenn er ihrer überdrüssig geworden war. Wann würde er es diesmal tun und bei welcher Gelegenheit? Sie warteten und warteten auf die ersehnte Entscheidung. Aber es geschah nichts. Sie hatten nicht mit der Klugheit Madame de Pompadours gerechnet. Als sie dem König nicht mehr geben konnte, was er von ihr verlangte, und er bei anderen Frauen Trost suchte, schmollte sie nicht, sondern sah großzügig über diese Affären hinweg.

Ludwig XV. ließ im Parc aux Cerfs, im Hirschpark-Viertel von Versailles, ein kleines Jagdhaus errichten, das ihm, so würde man heute sagen, als Privatbordell diente. Es wurde von einer Frau betreut, die die Aufgabe hatte, die jungen Mädchen zu beherbergen, die dem König dann von seinem Leibkammerdiener zugeführt wurden.

Über die Identität des Liebhabers dürften die Damen im Unklaren geblieben sein. Sie wurden nach dem Liebesdienst finanziell reich entschädigt, einige von ihnen mit einem Offizier oder Beamten verheiratet. Zeitigte der königliche Beischlaf Folgen, wurden die illegitimen Sprösslinge auf Kosten des Monarchen erzogen und ausgebildet.

Die Marquise, die übrigens 1752 mit dem Herzogtitel bedacht wurde und ein paar Jahre später zur Ehrendame der Königin aufrückte, wusste darüber Bescheid.

Madame de Pompadour wurde vom König nicht verstoßen, wie die Höflinge gehofft hatten. Das Liebesverhältnis ging allmählich und nahtlos in eine Freundschaft über. Die „Maîtresse en titre" wurde zur unentbehrlichen Ratgeberin, zur Mitkämpferin, zum Sprachrohr des Monarchen. Ihr Einfluss nahm zu, sie wurde am französischen Königshof zu einem Machtfaktor, dem sich bald niemand entziehen konnte. Ludwig XV. holte ihren Rat ein und besprach mit ihr wichtige Staatsangelegenheiten. Unter diesen Umständen mussten auch die ausländischen Höfe bei ihren diplomatischen Gedankenspielen und politischen Entscheidungen auf die Marquise Rücksicht nehmen, sie in ihre Überlegungen mit einbeziehen.

Die ehrgeizige Dame, die vorgab, von der Politik nichts zu verstehen und von ihr nichts wissen zu wollen, mischte bei allen Personalentscheidungen mit, die der willensschwache König zu treffen hatte. Sie bewies dabei keine sehr glückliche Hand, protegierte Schmeichler und unfähige Günstlinge, die ihrer Aufgabe nicht gewachsen waren. Sie hat auf diese Weise zumindest indirekt die innere Entwicklung Frankreichs ungünstig beeinflusst.

Der Einfluss der Pompadour reichte auch in die französische Außenpolitik hinein. Als sich 1755 der Abschluss eines Bündnisses zwischen Großbritannien, dem alten Gegner Frankreichs im Kampf um Kolonien, und Preußen abzeichnete, bahnte sich ein „renversement des alliances", eine Umkehr der Bündnissysteme, an. Österreich versuchte den Bourbonenstaat, mit dem es seit langem verfeindet war, auf seine Seite zu ziehen. Der Initiator der Bündnisidee, Staatskanzler Fürst Wenzel Anton Kaunitz, übertrug Georg Adam Graf Starhemberg die Aufgabe, in Paris das Terrain zu sondieren. Starhemberg nahm unter anderem auch mit Madame de Pompadour Kontakt auf und stieß mit seinen Vorschlägen bei ihr auf offene Ohren.

Die Marquise hasste den Preußenkönig Friedrich II. aus vollstem Herzen. Sie setzte sich bei Ludwig XV. für das österreichische Bündnisangebot ein. Es gelang ihr, den König dafür zu gewinnen. „Die erhabenen Häuser Österreich und Frankreich", schrieb sie an Starhemberg nach dem erfolgreichen Abschluss der Verhandlungen, „sind seit dreihundert Jahren verfeindet ... dieses neue System, wiewohl außergewöhnlich, ist gerecht und naturgegeben, weil es nötig ist ..."

Der Staatskanzler in Wien, der die Marquise von seiner Zeit als Botschafter in Paris her kannte, stattete ihr für ihre Vermittlerdienste brieflich seinen Dank ab. „Ihrem Eifer und Ihrer Weisheit, Madame, schuldet man durchaus alles, was zwischen den beiden Häusern beschlossen worden ist. Ich fühle es, und ich konnte mir die Befriedigung nicht vorenthalten, Ihnen dies zu sagen und Ihnen zu danken, dass Sie bis zu dieser Stunde gerne mein Führer sein wollten.“

Die tugendsame, sittenstrenge Maria Theresia, die die Mätressenwirtschaft am französischen Königshof abstoßend fand, übersandte der Pompadour ein Geschenk. Es war ein kostbares Schreibpult, in das ihr Porträt eingelegt war.

Die heimliche Königin Frankreichs bedankte sich dafür mit einem Schreiben, in dem sie sich als ihre ergebenste und gehorsamste Dienerin bezeichnete.

Die Kriegshandlungen verfolgte sie mit Interesse. Verlorene Schlachten stürzten die leidenschaftliche Patriotin in tiefste Verzweiflung, verdüsterten ihr Gemüt. Nach Siegen lebte sie auf. Den Heerführern schrieb sie aufmunternde Briefe, sparte aber auch nicht mit herber Kritik. An den Marschall de Broglie schrieb sie: „Monsieur le Duc, der König und die Nation sind Ihnen zu großem Dank verpflichtet: Ihr Sieg lässt uns aufatmen und ist ein Hoffnungsstrahl inmitten der unerwarteten Bedrängnisse, die von allen vier Weltenden über Frankreich hereinstürzen … Der wichtige Dienst, den Sie dem König erwiesen, wird nicht unbelohnt bleiben. Er ist mit Ihrem Verhalten höchst zufrieden: das Volk jubelt, und ich meinerseits werde Ihnen aus guter Ursache und mit Sympathie nach Kräften zu Diensten sein.“ Den Marschall de Contades, der eine Schlacht verlor, rüffelte sie in einem Schreiben an seine Gemahlin: „Ich wünschte von ganzem Herzen, dass unser Marschall sein Verhalten klar und deutlich rechtfertigen kann; dies wird ziemlich schwerfallen.“

Madame de Pompadour als Kriegsherrin. Das ist eine Facette ihrer Persönlichkeit, der man bis jetzt nicht genug Aufmerksamkeit geschenkt hat.

Der sieben Jahre während Krieg blutete das Land aus, zerrüttete die Staatsfinanzen und schadete dem Ansehen des entschlussschwachen Königs. 1757 war ein Attentat auf ihn verübt worden, das fehlschlug. Jetzt, im Jahre 1763 , war seine Popularität an einem Tiefpunkt angelangt, und die unermüdliche Ratgeberin an seiner Seite, die Mitgestalterin seiner Politik, war am Ende ihrer Kräfte. Obwohl sie erst im 42. Lebensjahr stand, war sie verbraucht, sah abgehärmt und verblüht aus. Innerhalb zweier Jahrzehnte war aus einer der schönsten und entzückendsten Frauen Frankreichs eine großmütterliche alte Dame geworden. Ihr Atem ging stockend, sie war ohne Appetit und hatte geschwollene Beine. Wie Maria Theresia in der Wiener Hofburg, ließ sich Madame de Pompadour in Versailles, um nicht mehr Stiegen steigen zu müssen, eine Art Aufzug installieren. Der „fliegende Armsessel" erleichterte ihr die Erfüllung ihrer Aufgaben, von denen sie sich nicht trennen konnte. Dem Hofleben konnte sie freilich längst nichts mehr abgewinnen. „Mit Ausnahme des Glücks, mit dem König zu leben, was mich gewisslich über alles tröstet, ist alles übrige nur ein Gewebe von Bosheiten, Platitüden, aller Elendigkeiten schließlich, zu denen diese armseligen Menschenwesen fähig sind", fasste sie ihr Urteil über den Königshof zusammen.

Auch seelisch ging es ihr schlecht. Die Schwermut machte ihr zu schaffen, ihre Gesichtszüge waren von Düsterkeit und Melancholie gezeichnet.

Am Neujahrstag des Jahres 1764, als sie bereits schwer krank war, machte Leopold Mozart mit seinen Kindern Maria Anna und Wolfgang seine Aufwartung in Versailles. Über die Pompadour berichtete der schreibfreudige Kapellmeister nach Wien: „Sie möchten doch auch wissen, wie die Mdme Marquise Pompadour aussieht, nicht wahr? Sie muss recht schön gewesen seyn, denn sie ist noch sauber. Sie ist von grosser ansehnlicher Person, sie ist fett, wohl bey Leib, aber sehr proportioniert, blond, hat … in den Augen eine Ähnlichkeit mit der Kaiserin Majst (Maria Theresia, Anm.d Verf.). Sie giebt sich viele Ehre und hat einen ungemeinen Geist."

Ob die Mozart-Wunderkinder das Gemüt der „Maîtresse en

Wolfgang Amadeus Mozart bei Madame de Pompadour,
Xylographie nach einem Gemälde von Vincente de Paredes

titre" wenigstens vorübergehend aufgeheitert haben, ist nicht überliefert.

Ende Februar 1764 fühlte sich Madame de Pompadour so schwach, dass Ludwig XV. ihr das kleine Schloss Choisy im süd-östlichen Vorortbereich von Paris als Aufenthaltsort zuwies, dessen Räume leichter zu beheizen waren als die Gemächer in Versailles. Ein schwerer Katarrh plagte sie, zu dem sich hohes Fieber gesellte. Der besorgte König schaute beinahe jeden Tag bei ihr vorbei. „Am 10. März lag sie auf den Tod", berichtet ein Gewährsmann. Bei Hof glaubte niemand mehr an ihre Gesundung. Aber plötzlich ließ das Fieber nach und der Husten hörte auf. In der ersten Aprilwoche fühlte sich die Marquise wieder so kräftig und gesund, dass sie nach Versailles zurückkehrte. Es war ihr letzter Aufenthalt in jenem Schloss, in dem sie die glück-lichsten und bewegendsten Jahre ihres Lebens zugebracht hatte.

Bald kam das Fieber wieder zurück, eine Lungenentzündung und der Brustschleim machten ihr das Atmen schwer. Der König, der sie mehrere Male am Tag aufsuchte, wusste, wie es um sie stand. „Meine Unruhe wächst ständig, und ich gestehe, dass ich sehr große Angst vor einem vielleicht nur allzu nahem Ende habe", schrieb er an seinen Schwiegersohn in Parma.

In der Nacht vom 14. auf den 15. April empfing sie aus den Händen ihres Beichtvaters die Sterbesakramente, am Abend dieses Tages röchelte sie ihr Leben aus. Der Etikette gemäß wurde der Leichnam in ein Leinentuch gewickelt und auf einer Bahre aus dem Schloss gebracht. Am übernächsten Morgen fand in Notre-Dame de Versailles die Totenmesse statt und danach wur-de der Sarg in einem Leichenwagen nach Paris übergeführt. Als der Trauerzug an den Fenstern der königlichen Gemächer vor-beikam, trat Ludwig XV. auf den Balkon hinaus und schaute ihm lange sinnend nach. Für einen kurzen Augenblick über-mannte ihn die Wehmut. Dann trat er in das Zimmer zurück und sagte zu seinem Kammerdiener: „Das war die letzte Ehre, die ich ihr erweisen konnte. Eine Freundin, zwanzig Jahre lang."

Die sterblichen Überreste jener Frau, die, ohne je eine Krone zu tragen, auf ihre Weise Weltberühmtheit erlangt hat, wurden in der Kapuzinerkirche an der Place Vendôme bestattet. Das Gebäude wurde 1806 abgerissen, das Grabmal ist nicht erhalten.

Bei Hof weinte Madame de Pompadour kaum jemand eine Träne nach. Der König trauerte um sie, die Königin, mit der sie sich arrangiert hatte, schrieb einige Tage nach der Beisetzung an den Parlamentspräsidenten: „Übrigens fragt man nun ebenso wenig nach ihr, die nicht mehr ist, als ob sie nie gewesen wäre. So ist die Welt. Es lohnt sich wahrhaftig nicht, sie zu lieben." Sie meinte die Menschen, nicht die Verstorbene.

Den wärmsten Nachruf verfasste in aller Kürze der Philosoph Voltaire: „Sie besaß Güte in ihrer Seele und Gerechtigkeit in ihrem Herzen. All dem begegnet man nicht jeden Tag."

Ludwig XV. hatte seine engste Vertraute verloren. Wer würde an ihre Stelle treten? Konnte überhaupt jemand Madame de Pompadour ersetzen? Wie würde es weitergehen am französischen Königshof? Das fragte man sich nicht nur in Versailles und in ganz Frankreich. Sogleich brachten die verschiedenen Interessensgruppen ihre Favoritinnen in Stellung. Es galt, die Position auszubauen, Einfluss zu gewinnen oder zu vergrößern.

Der König gab sich zurückhaltend. Monate vergingen, und noch immer war weit und breit keine neue Mätresse zu sehen. Etienne Choiseul, der einflussreiche Außen- und Kriegsminister, konnte es nicht fassen. Was war in seinen Monarchen gefahren? War er der Frauen überdrüssig geworden oder hatte er gar seine Liebeskraft eingebüßt? Beides traf nicht zu. Ludwig XV. wollte sich nur niemanden aufzwingen lassen, Herr seiner Entscheidungen sein. Er begnügte sich vorderhand mit den jungen Dingern im Parc aux Cerfs und den Damen, die ihm sein Leibkammerdiener diskret zuführte. Vier Jahre lang gab es am französischen Königshof keine Maîtresse déclarée, keine offizielle königliche Mätresse.

Unterdessen hielt der Tod in Versailles reiche Ernte. Im Dezember 1765 starb der Dauphin. Das Vater-Sohn-Verhältnis war nicht besonders herzlich gewesen. Aber dennoch wog der

Verlust schwer. „Für mich und das ganze Königreich ist es ein fürchterlicher Schlag", fasste der Monarch seine Trauer in einem Satz zusammen. Die Nachfolge bereitete ihm Sorgen. Sein ältester Enkel war erst zwölf Jahre alt.

Fünfzehn Monate nach dem Dauphin, im März 1767, raffte die Schwindsucht auch die Dauphine hinweg, die Ludwig ans Herz gewachsen war. Sie hinterließ fünf Waisenkinder.

Im Jahr danach folgte ihr die Königin ins Grab. Der Gemahl, der sie so oft gedemütigt hatte, drückte ihr auf dem Totenbett einen Kuss auf die Stirn. Der Abschied fiel ihm nicht allzu schwer. Ein paar Wochen zuvor war er der Frau begegnet, die seinem Leben neuen Auftrieb gab. Sie hieß Madame du Barry, war schön und verführerisch.

Die 25 Jahre alte neue Favoritin des alternden französischen Königs entstammte keiner hoffähigen Familie. Sie war ein uneheliches Kind. Die Mutter war Näherin, der Vater höchstwahrscheinlich ein Mönch jenes Klosters, in dem sie eine Zeitlang ihren Lebensunterhalt bestritt.

Jeanne Bécu wurde in einem Pensionat erzogen, trat mit fünfzehn als Gesellschafterin in den Dienst einer Steuerpächterswitwe, wo sie nicht nur gesellschaftsfähiges Benehmen, sondern auch den Umgang mit Männern lernte. Sie arbeitete dann als Verkäuferin in einem Modeladen und intensivierte nebenbei ihre Liebeserfahrung, wobei sie bei ihren Partnern auf Herkommen und Stand achtete. Schließlich landete sie in den Armen eines Grafen. Aus Mademoiselle Bécu wurde eine Madame du Barry.

Die junge Dame war intelligent, wohlerzogen und eine umwerfende Schönheit. „Ihr Haar war füllig blond, ihre großen blauen Augen strahlten Sanftmut aus, ihr Teint war bestechend weiß", beschreibt sie ein Zeitgenosse. Es konnte daher nicht ausbleiben, dass sie, sobald sie einmal bei Hof eingeführt war, dem König in die Augen stach.

Ludwig XV. war schon nach dem ersten Rendezvous, von denen nur ein paar Eingeweihte wussten, rasend in sie verliebt. Der „Vielgeliebte" war von ihren Liebeskünsten begeistert. Ihre

Abkunft scherte ihn wenig. Sie sei eine Adelige, teilte man ihm nach Erkundigungen mit, die er der Form halber einholen ließ. Das genügte ihm. Hauptsache, sie versüßte ihm das Leben.

Bei Hof rümpfte man über die neue Geliebte des Königs die Nase. Das war nicht weiter verwunderlich. Neu war, dass sich sogar Choiseul, der einflussreichste Minister des Monarchen, strikt gegen sie aussprach. Er hätte seinen Herrn und Gebieter gerne verheiratet gesehen. Aber für diese Idee war Ludwig XV. nicht zu haben. Er wollte sich nicht noch einmal an eine reizlose Ehefrau aus irgendeiner europäischen Dynastie ketten.

Madame du Barry, das nahm sich der König vor, sollte bei Hof die Nachfolge von Madame de Pompadour antreten. Sie war zwar in vielerlei Hinsicht mit ihr nicht zu vergleichen. Sie würde nie seine Ratgeberin werden, da sie sich für Politik wenig interessierte. Aber das war ihm nur recht. Er benötigte eine Herzensdame, keinen Blaustrumpf.

Obwohl Choiseul mit allen Mitteln gegen die Bestellung Madame du Barrys zur „Maîtresse en titre" ankämpfte, ging ihre Präsentation bei Hof völlig klaglos über die Bühne. Die ehemalige Edelprostituierte bestach bei der Zeremonie durch ihr tadelloses, sicheres Auftreten, ihr Selbstbewusstsein und ihre Schönheit.

Ungefähr ein Jahr nach ihrem Triumph über die hochmütige Adelsgesellschaft kamen die Verhandlungen zwischen den Höfen von Paris und Wien zwecks Verheiratung des Dauphins mit einer Tochter Maria Theresias zum Abschluss. Choiseul hatte sie angestrebt und beharrlich zu Ende geführt. Er betrachtete die eheliche Verbindung als eine Festigung des bestehenden Bündnisses zwischen den beiden Dynastien.

Von Seiten der Habsburger fiel die Wahl auf Maria Antonia, die als Marie Antoinette in die Weltgeschichte eingegangen ist.

Über die verspielte, putz- und vergnügungssüchtige Erzherzogin wusste man am französischen Königshof gerade einmal, dass sie eine lebhafte junge Dame war, die auf ihre zukünftige Rolle erst vorbereitet werden musste. Deshalb schickte man einen französischen Hofmeister nach Wien, der ihr jenen gesellschaftlichen Schliff und jene Bildung beibringen sollte, die man für eine so hohe Stellung für nötig hielt. Er hatte nur mäßigen Erfolg. Eine ungleich leichtere Aufgabe hatte der an den Kaiserhof entsandte französische Tanzmeister. Er brachte der Erzherzogin jene Anmut und Eleganz der Bewegungen bei, jenen federnden Schritt und bezaubernd leichten Gang, den ihre Verehrer an ihr bewunderten. Schließlich waren auch noch ein französischer Zahnarzt, französische Schneider und Friseure am Werk, um aus der jungen, unfertigen Kaisertochter eine Dame von Eleganz zu machen.

Als Marie Antoinette für ihr Aufgabe gut genug vorbereitet schien, wurde der Hochzeitstermin endgültig fixiert.

Am 21. April 1770 nahm die Erzherzogin Abschied von der Familie und ihrer Heimatstadt. Am 14. Mai traf der riesige Hochzeitszug in Compiègne ein, wo die Braut vom Bräutigam und dem Schwiegervater erwartet und willkommen geheißen wurde.

Marie Antoinette sprang unbekümmert aus dem Wagen, lief auf den König zu und versank in einen tiefen Hofknicks. Ludwig bückte sich zu ihr hinunter, hob sie ein wenig in die Höhe und küsste sie auf beide Wangen. Der fünfzehnjährige Bräutigam stand steif daneben.

In der Karosse verwickelte der galante Monarch die Schwiegertochter in eine vergnügliche Konversation, während der schüchterne Bräutigam sich in eine Ecke drückte und nur ab und zu einen verstohlenen Blick auf seine Braut warf.

Die Trauung fand am 16. Mai in der Kapelle des Schlosses von Versailles statt. Nach der feierlichen Zeremonie, die der Erzbischof von Reims zelebrierte, begab man sich zurück in die prunkvollen Gemächer des weitläufigen Schlosses. Am Abend fand dann das Hochzeitsmahl statt, bei dem der französische Königshof alle Register höfischer Prunkentfaltung zog. Sechstausend auserwählte adelige Gäste sahen zu, wie das Menü aus vielerlei Gerichten aufgetischt und von den zweiundzwanzig Mitgliedern der Königsfamilie zu Munde geführt wurde. Der gefräßige Bräutigam langte dabei so kräftig zu, dass der König ihn zur Mäßigung rief. „Belasten Sie Ihren Magen nicht zu sehr für die Nacht", raunte er ihm zu. Der Enkel verstand den lebensklugen Ratschlag nicht. „Warum", antwortete er. „Ich schlafe immer besser, wenn ich gut gegessen habe."

Er schlief tatsächlich wie ein Nilpferd. Der sechzehnjährige Tollpatsch kümmerte sich in der Hochzeitsnacht überhaupt nicht um seine Frau. Die Bettlaken blieben sauber. Im Schlafzimmer Marie Antoinettes tat sich jahrelang nichts. Der zukünftige König von Frankreich war impotent, die Königin blieb bis zu ihrem zweiundzwanzigsten Lebensjahr jungfräulich. Erst nach einem kurzen chirurgischen Eingriff wurde der kleine organische Defekt behoben, der den Dauphin daran hinderte, die Ehe zu vollziehen. Sieben Jahre nach der Heirat, am 30. August 1777, meldete die bedauernswerte Kaisertochter der Mutter nach Wien den Vollzug der Ehe. „Ich befinde mich in dem für mein ganzes Leben größten Glück", jubelte sie. „Schon seit acht Tagen ist meine Ehe vollkommen vollzogen; der Beweis ist wiederholt worden, und noch gestern vollständiger als das erste Mal." Jetzt konnte sie ihre Pflicht erfüllen und für männliche Nachkommen sorgen.

Mit dem Leben am französischen Königshof kam Marie Antoinette lange Zeit nur schwer zurecht. Sie hatte Mühe, sich in das vorgegebene gesellschaftliche Gefüge einzuordnen, sich dem Zwang der Etikette zu unterwerfen. Es dauerte auch einige Zeit, ehe sie sich darüber im klaren war, welche Rolle Madame du Barry spielte. Als man es ihr sagte, bezog sie sofort gegen die Mätresse Stellung. „Sie ist das dümmste und impertinenteste Geschöpf, das man sich vorstellen kann", berichtete sie nach Wien. Das war natürlich ein oberflächliches Urteil, ein Vorurteil, das ihr die Gegner der königlichen Mätresse aufschwatzten. Sie gingen noch einen Schritt weiter. Sie machten dem unerfahrenen jungen Ding aus Wien den Vorschlag, die du Barry zu „schneiden", sie nicht anzureden. Nach den ehernen Regeln der Etikette am Hof zu Versailles durfte eine rangniedrigere Dame an eine ranghöhere, und das war die Dauphine, niemals das Wort richten. Sie musste darauf warten, angesprochen zu werden.

Marie Antoinette gefiel die Idee, die verhasste Mätresse des Königs vor den Augen des gesamten Hofes zu brüskieren. Tag für Tag, Woche für Woche, Monat für Monat spazierte sie bei den täglichen Mahlzeiten, bei Empfängen und anderen höfischen Festen mit herausfordernder Nonchalance an Madame du Barry vorbei, lächelte sie charmant an, würdigte sie aber keines Wortes.

Das neckische Spiel wuchs sich allmählich zur Peinlichkeit aus. Die königliche Bettgenossin tat zunächst so, als berühre sie das Verhalten der Dauphine überhaupt nicht. Aber ihre Geduld hatte Grenzen. Als ihr der tägliche Kleinkrieg zuviel wurde, bedrängte sie den König, die unwürdige Farce abzustellen.

Ludwig XV., dem die ganze Angelegenheit peinlich war, rief den österreichischen Botschafter zu sich und bat ihn, Marie Antoinette zu einer Änderung ihres Verhaltens zu bewegen. Das Gespräch, das dieser mit ihr führte, blieb ergebnislos. Die Dauphine zeigte keine Einsicht. Der Botschafter sah sich daraufhin genötigt, die Mutter in Wien über die peinliche Affäre zu informieren.

Maria Theresia reagierte unverzüglich. In einem Schreiben, das an Deutlichkeit nichts zu wünschen übrig ließ, las sie ihrer widerspenstigen Tochter gehörig die Leviten. Die mütterliche Kopfwäsche wirkte nicht sofort, aber sie führte bald zum gewünschten Erfolg. Bei der Gratulationstour am Neujahrstag 1772 sprach die Dauphine, halb zur du Barry gewendet, halb ins Leere den erlösenden Satz: „Es sind heute viele Leute in Versailles."

Dieser läppische Satz beendete den lächerlichen Zank um Ruf, Rang und Ansehen am französischen Königshof. Das gute Einvernehmen zwischen Paris und Wien war wiederhergestellt.

Nach dieser ausgesprochen unliebsamen Affäre blieben Ludwig XV. noch ein paar Jahre, um seine junge Geliebte nach Strich und Faden zu verwöhnen. Er erfüllte der Dame seines Herzens praktisch jeden Wunsch, setzte ihr eine jährliche Pension von 1,200 000 Livres aus, kaufte ihr ein Schloss, sündteure Kleider und Diamanten.

Wie die Pompadour war auch die du Barry eine Verschwenderin. Aber sie vergaß ihre Herkunft nicht, sie hatte ein offenes Herz, half, wo sie konnte und hatte einen ausgeprägten Sinn für Gerechtigkeit. Das muss man in Rechnung stellen, wenn man über sie urteilt.

Am 15. Februar 1774 feierte Ludwig XV. seinen 64. Geburtstag. Obwohl man im 18. Jahrhundert in diesem Lebensalter bereits als Greis galt, fühlte sich der König noch gesund, rüstig und vital. Er ging mit gewohnter Gewissenhaftigkeit den Staatsgeschäften nach und legte sich auch bei seinen übrigen Tätigkeiten, der Jagd und anderen Vergnügungen, keinerlei Beschränkungen auf. Zwar mahnten ihn seine Ärzte zur Mäßigung, aber er schlug ihre Ratschläge in den Wind. Von der medizinischen Wissenschaft hielt er nicht viel. Kurzen Fieberanfällen und gelegentlichen Ermüdungserscheinungen schenkte er keine Beachtung.

Auch einer Übelkeit während eines Soupers am 26. April 1774 maß er keine Bedeutung bei. Als er sich am nächsten Tag auf der Fahrt zur Jagd eine Erkältung zuzog, zu der sich Fieber gesellte, kehrte er in sein Lieblingsschloss Trianon und bald darauf nach Versailles zurück.

Sein Gesundheitszustand verschlechterte sich. Die ratlosen Ärzte ließen ihn zur Ader, ohne dass sich eine Besserung seines Befindens einstellte. Nach etwa einer Woche bedeckte sich das Gesicht des Kranken mit blassroten, juckenden Flecken und Bläschen, die bald auf den ganzen Körper übergriffen. Nun gab es keinen Zweifel mehr. Der König war an den Pocken erkrankt. Als es ihm selbst zur Gewissheit wurde, nahm er Abschied von Madame du Barry, die trotz der hohen Ansteckungsgefahr am Krankenbett ausgeharrt hatte. „Wenn ich gewusst hätte, was ich jetzt weiß, wären Sie nicht hereingekommen", sagte er zu ihr. „Von nun an gehöre ich Gott und meinem Volke; Sie müssen sich daher zurückziehen."

Madame du Barry und Louis XV., Gemälde von Gyula Benczúr

Die königliche Mätresse räumte die Stellung und bezog das Schlösschen Reuil. Erst jetzt war die Kirche bereit, dem mit dem Tod ringenden Monarchen geistlichen Beistand zu gewähren. Ludwig XV. beichtete seine Sünden und bat vor versammeltem Hof reuig um die Absolution. „Meine Herren", verkündete der Priester den Anwesenden, „der König bittet mich, Ihnen zu sagen, daß er Gott um Verzeihung bittet und sich für den Skandal bei seinem Volk entschuldigt." „Ich wünschte, ich hätte die Kraft gehabt, dies selbst sagen", ergänzte Ludwig XV. mit versagender Stimme.

Ein paar Tage wehrte sich der erschöpfte Körper noch gegen die unaufhaltsam fortschreitende Krankheit. „Sein durch den Schorf geschwollenes Gesicht war bronzefarben … Seine Brust bewegte sich nicht, sein Mund stand offen …; mit einem Wort, er sah wie ein Mohr aus, wie der Kopf eines Negers, dunkel und geschwollen", schildert ein Höfling erbarmungslos das Aussehen des Todkranken. Am 10. Mai 1774, einem Dienstag, erlosch das Lebenslicht des Mätressenkönigs.

Der Leichnam strömte einen so entsetzlichen Gestank aus, dass er sogleich in einen Sarg gebettet und unverzüglich in der Abteikirche von Saint-Denis, der Grabkirche der französischen Könige, bestattet wurde.

In derselben Nacht, in der der königliche Leichenwagen dorthin rollte, wurde Madame du Barry unter Bewachung in die Abtei Pont-aux-Dames gebracht.

Auf die letzte Mätresse König Ludwigs XV. wartete zuletzt ein grausames Schicksal. Sie starb am 8. Dezember 1793 unter der Guillotine.

Die mannstolle Zarin

Katharina II. von Russland

Sophie Auguste Friederike von Anhalt-Zerbst saß mit ihren Eltern gerade beim Mittagmahl, als am Neujahrstag 1744 ein Bediensteter zur Tür hereinkam und ihrem Vater einen Stoß Briefe überbrachte. Der Fürst riss den Umschlag auf, sah, dass das erste Schreiben an seine Frau adressiert war, und reichte es an sie weiter. Über das Gesicht der hübschen Frau huschte ein ahnungsvolles Lächeln. Es war ein Schreiben des schwedischen Edelmannes Otto Graf von Brümmer, seines Zeichens Oberst-hofmeister der Zarin Elisabeth I. Das erkannte sie auf den ersten Blick an der Handschrift. Was hatte er ihr mitzuteilen? Rasch, mit spannungsgeladener Erregung überflog sie den Inhalt. „Auf namentlichen Befehl Ihrer Kaiserlichen Majestät", las sie, „habe ich Ihnen, gnädige Frau, mitzuteilen, dass die erhabenste Kaise-rin wünscht, dass Ew. Durchlaucht in Begleitung der Prinzessin, Ihrer ältesten Tochter, so schnell wie möglich und ohne Zeit zu verlieren nach Russland in die Stadt kommen möchten, wo sich der Kaiserliche Hof gerade befindet."

Die Fürstin faltete das Schreiben behutsam zusammen und zog sich nach Tisch, ohne ein Wort zu verlieren, mit dem Für-sten in ihre Gemächer zurück.

Die vierzehnjährige Prinzessin spitzte in den folgenden Tagen die Ohren. Sie ahnte, dass es um eine schwerwiegende Ent-scheidung ging, die sie betraf. Aber ihre Eltern hüllten sich wei-ter in Schweigen. Drei Tagen verstrichen. Als die Mama noch immer keine Anstalten machte, das Geheimnis des Schreibens zu lüften, nahm sich Sophie ein Herz und sprach sie direkt darauf an. Sie glaube zu wissen, was in dem Brief stehe, sagte sie. „Nun denn, heraus mit der Sprache", gab die Mutter zur Antwort. „Man hat einen Bräutigam für mich, ich soll verheiratet werden", presste die Tochter hervor.

Die russische Zarin, Tochter Peters des Großen, hielt an europäischen Fürstenhöfen Ausschau nach einer Braut für ihren Neffen Peter, den sie adoptiert und zum Thronfolger erkoren hatte. Sie selbst war ehelos und gedachte es zu bleiben. Peter, der Sohn ihrer ältesten Schwester Anna, die den Herzog von Holstein-Gottorp geheiratet hatte, war früh zur Vollwaise geworden. Die Zarin hing leidenschaftlich an ihren deutschen Verwandten. Was lag da näher, wenn es auch machtpolitisch unklug war, sich für Peter um eine Frau aus einem verwandten deutschen Fürstenhaus umzusehen?

Sophies Eltern waren über das Eheangebot aus dem fernen Russland geteilter Meinung. Fürstin Johanna, die ebenfalls aus dem Haus Holstein-Gottorp stammte, war darüber herzlich erfreut. Sie hatte ihrer Meinung nach unter ihrem Stand geheiratet, war ehrgeizig und hegte gesellschaftliche Ambitionen. Der Fürst, Generalmajor in preußischen Diensten, sparsam, rechtschaffen und strenggläubig, hielt weniger davon. Dem riesigen, wirtschaftlich rückständigen Zarenreich mit seinen politischen Unwägbarkeiten und seiner schwer durchschaubaren, ränkevollen Diplomatie gehörten nicht seine Sympathien. Was konnte seiner geliebten Tochter dort nicht alles widerfahren? Man musste jedenfalls auf alles gefasst sein.

Sophie, nach heutigen Begriffen ein munterer, aufgeweckter Teenager, nicht gerade hübsch, aber durchaus präsentabel, fand die ganze Angelegenheit ungeheuer aufregend. Die bloße Vorstellung, einmal die Gattin des zukünftigen Herrschers von Russland zu werden, ließ ihr Herz höher schlagen. Andererseits konnte sie sich schwer vorstellen, ihrem Vater, dem sie in zärtlicher Liebe zugetan war, für längere Zeit Lebewohl zu sagen. Wer weiß, vielleicht würde sie ihn überhaupt nicht mehr wiedersehen? Ihr Herz war   von den widerstrebendsten Gefühlen beherrscht. Aber schließlich siegte doch die Aussicht auf eine Kaiserkrone über alle familiären Bindungen und Bedenken.

Der Vater ließ sich nach mehreren Gesprächen die Zustimmung zur Reise abringen. Eilends wurde gepackt. Man brauchte nicht viel mitzunehmen, man besaß nicht viel. Der Fürst von Anhalt-Zerbst und seine Familie lebten keineswegs in großartigen Verhältnissen. Dementsprechend klein war auch das Gefolge: ein Kammerherr, ein paar Zofen, ein Koch, eine Hofdame, ein paar Kutscher und Lakaien. Man reiste über Weisung aus St. Petersburg inkognito.

Der Abschied war schwer und tränenreich. Der Vater, der nicht mitkommen durfte – er war ausdrücklich nicht eingeladen worden –, konnte seine Rührung nur mit Mühe verbergen, Sophie weinte bitterlich. Er gab ihr ein paar schriftliche Anweisungen und Ermahnungen mit auf den Weg: wie sie sich ganz allgemein zu verhalten habe, was in dieser und jener Situation am besten zu tun sei. Vor allem aber, dass sie dem lutherischen Glauben treu bleiben solle. Das war sein dringlichster Wunsch. Sie versprach es ihm hoch und heilig.

Am 10. Januar 1744 verließ die Reisegesellschaft die väterliche Residenz in Stettin. Es ging nicht gleich nach Osten. Das erste Ziel war Berlin, um König Friedrich II. von Preußen einen Besuch abzustatten, der in einem Briefwechsel mit der Zarin die kleine Sophie ins Spiel gebracht hatte.

Der junge König, der sich in seiner kurzen Regierungszeit (ab 1740) bereits einen Namen als Feldherr gemacht hatte, lud die Damen zum Diner und erwies sich als galanter Gastgeber. Sophie, der er zur Überraschung des gesamten Hofes große Aufmerksamkeit schenkte, unterhielt sich mit ihm blendend, nachdem sie ihre anfängliche Schüchternheit abgelegt hatte.

Nach ein paar Tagen wurde die Reise fortgesetzt. Bei kaltem, frostigem Winterwetter rumpelten die Karossen über holprige, mit Schlaglöchern übersäte Straßen nach Osten. In warme Decken gehüllt und bis zum Kopf vermummt, wurden die Fürstin von Anhalt-Zerbst und ihre Tochter richtiggehend durchgebeutelt, ehe sie, wenn die Dämmerung anbrach, mit steifen Gliedern ausstiegen, um in einer Poststation oder einem Gasthaus Station zu machen. Die Quartiere waren alles andere als einladend, das Essen miserabel. Die Wirtshäuser seien Schweineställe, klagte die Fürstin brieflich dem Gatten. Mensch und Vieh wälzten sich wie Kraut und Rüben durcheinander auf dem nackten, strohbedeckten Fußboden. Sophie war des öfteren speiübel, da sie die Mahlzeiten mit Unmengen von Bier hinunterspülte.

Nach dreiwöchiger Fahrt die Ostseeküste entlang erreichte die Reisegesellschaft Riga, wo sie von einer Abordnung der Zarin feierlich empfangen wurde. Kanonenschüsse wurden abgefeuert, die Kirchenglocken läuteten. Elisabeth entbot ihren Gästen einen Willkommensgruß und ließ sie mit Zobelpelzen und Pelzdecken versorgen. Auf geräumigen Schlitten ging es dann weiter. Frost und Schnee konnten ihnen nun nur noch wenig anhaben. Das Schlitteninnere war mit Pelzen ausgelegt, es gab warmes Bettzeug. Man saß übrigens nicht, man lag in diesen Schlitten, worüber sich Sophie nicht genug wundern konnte. Für den Schutz der Kolonne sorgte ein Trupp Reiter. Wenn die Damen aus deutschen Landen durch die kleinen Fenster auf die Landschaft hinausblickten, sahen sie weite, schneebedeckte Felder und Wiesen, Dörfer mit niedrigen, strohgedeckten Hütten, über die ein eisiger Wind hinwegfegte.

Nach mehrtägiger Fahrt erreichten die Reisenden am 3. Februar 1744 (nach russischer Zeitrechnung) St.Petersburg. Sie waren sechs Wochen unterwegs gewesen und atmeten nach den unsäglichen Strapazen, die sie durchgemacht hatten, erleichtert auf. Auch hier in der Stadt, die Peter der Große buchstäblich aus dem Boden gestampft hatte, wurden sie mit allen erdenklichen Ehrungen willkommen geheißen und in das Winterpalais geleitet. Die Zarin befand sich mit einem Großteil des Hofes in Moskau, aber es gab noch genug Bedienstete, die sie umsorgten. Man veranstaltete prunkvolle Feste für sie und gab erlesene Diners.

Drei Tage dauerte der Aufenthalt, dann mussten die Gäste aus dem kleinen deutschen Fürstentum Anhalt-Zerbst wieder einen mit zehn Pferden bespannten Schlitten besteigen, der sie nach Moskau brachte. Die 600 Kilometer lange Reise durch den russischen Winter war diesmal nicht unangenehm. „Überall standen für uns frische Pferde bereit", berichtete die Fürstin ihrem Gemahl. „Der Kaffee am Morgen, das Mittagmahl und das Souper wurden sehr bequem auf den Poststationen eingenommen. Wir reisten Tag und Nacht."

Kurz vor Moskau überbrachte ein Kurier eine Botschaft der Zarin. Sie äußerte darin den Wunsch, man möge mit der Ankunft bis zum Einbruch der Dunkelheit warten. Also legte man eine kurze Rast ein, welche die Damen dazu benutzten, die Garderobe zu wechseln. Sophie wählte für den Empfang ein enganliegendes Kleid aus rosa Moiré, das ihre knospenden fraulichen Formen betonte.

Der Annenpalast, in dem die Zarin damals in Moskau mit ihrem Hof residierte, war von Hunderten Fackeln hell erleuchtet, als die deutschen Gäste am frühen Abend eintrafen. Sie wurden an der untersten Stufe des Treppenhauses vom gesamten Hofstaat erwartet. Nach der freundlichen Begrüßung reichte der Generaladjutant der Zarin der Fürstin galant seinen Arm und führte sie und Sophie an buckelnden Höflingen vorbei in die für sie bestimmten Gemächer. Augenblicke später fand sich der sechzehnjährige Thronfolger mit seinem Hofstaat zur Begrüßung ein.

Sophies Herz schlug bis zum Hals, als er sich vor ihr verneigte und glattzüngig bemerkte: „Bald hätte ich mich selbst an Ihren Schlitten angeschirrt, um ihn schneller nach Moskau zu ziehen." Das war er also, ihr Cousin Peter, der in Deutschland als Kind ein wahres Martyrium durchgemacht hatte, von seinen Erziehern bis auf das Blut gepeinigt worden war. Die frühreife Prinzessin musterte ihn mit nüchternem Blick. Klein war er, schmal und zart, linkisch und schüchtern. Als sie dann ein Gespräch mit ihm begann, stellte sich heraus, dass er nicht viel mehr in Kopf hatte als militärischen Krimskrams und in seinem ganzen Gehaben äußerst kindisch wirkte. Sophie war enttäuscht. Aber was half's? Sie würde sich mit ihm abfinden müssen.

Nach einiger Zeit des Wartens wurden sie zur Zarin gebeten. Elisabeth empfing sie an der Schwelle ihres Paradeschlafzimmers. „Sie war eine eindrucksvolle Erscheinung. Sie war groß, und obwohl sie recht beleibt war, störte das nicht und gab ihren Bewegungen keine Unfreiheit. Auch war der Kopf sehr schön", charakterisierte sie Jahrzehnte später Katharina in ihren Memoiren.

Die Zarin trug ein Kleid aus Silberbrokat, in ihrem hellbraunen Haar funkelten Brillanten. Zu ihren hervorstechendsten Charaktereigenschaften gehörten Eitelkeit und ein ausgeprägtes Selbstbewusstsein.

Sophie war von ihr beeindruckt und machte einen artigen Hofknicks, während ihre Mutter der Zarin die Hand küsste. Es entspann sich ein kurzes, freundliches Gespräch. Danach nahmen beide Damen an einem Souper teil, ehe sie sich in ihre Gemächer zurückzogen und todmüde in ihre Betten fielen.

Am Tag nach der Ankunft wurde mit ungeheurem Prachtaufwand der 16. Geburtstag des Thronfolgers gefeiert. Bei diesem Anlass stand die nicht eben hübsche, aber anmutige Sophie als seine angehende Braut selbstverständlich im Mittelpunkt des Interesses. Die neugierigen Blicke des gesamten Hofes waren auf sie gerichtet. Wie sah sie aus? Wie bewegte sie sich? Wie benahm sie sich den verschiedenen Würdenträgern gegenüber? Auch die Zarin, die ihr eine Audienz gewährte, nahm sie nun genauer in Augenschein. Ihre Miene drückte danach Wohlwollen aus, der Generaladjutant lobte die guten Manieren der Prinzessin. Sophie hatte die Probe bestanden.

Das Leben am Zarenhof ging seinen Gang. Es war Fastenzeit. Die fromme Zarin unterwarf sich strengen Bußübungen und unternahm eine Pilgerfahrt in das Kloster Zagorsk, 70 Kilometer nordöstlich von Moskau. Sophie bekam sie selten zu Gesicht. Sie wurde auf Wunsch Elisabeths von einem kultivierten Theologen im griechisch-ortodoxen Glauben unterrichtet und auf einen Religionswechsel vorbereitet. Das stürzte sie in Seelenqualen. Hatte sie nicht ihrem Vater versprochen, am Luthertum festzuhalten? Die Anstrengungen der Reise, die neue Umgebung, die seelische Belastung, all das wurde ihr zu viel. Sie erkrankte schwer, schwebte zwischen Leben und Tod. Die Ärzte ließen sie zur Ader, die Zarin kümmerte sich persönlich um sie. Am 21. April 1744, ihrem 15. Geburtstag, erschien sie, wieder genesen, bei Hof. Sie hatte unterdessen mit vollem Eifer damit begonnen, die russische Sprache zu erlernen und machte innerhalb kurzer Zeit erstaunliche Fortschritte. Und auch ihr Glaubensübertritt ging rascher als erwartet über die Bühne. Keine fünf Monate nachdem sie das heimatliche Deutschland verlassen hatte, bekannte sie sich in einer feierlichen Zeremonie in der Kapelle des Annenpalastes mit fester Stimme zum orthodoxen Glauben und bekam eine neuen Namen. Aus Sophie von Anhalt-Zerbst wurde Katharina (russisch „Jekaterina") von Russland. Es war ein einschneidendes Ereignis in ihrem jungen Leben. Die Zarin, die der kultischen Handlung ergriffen beigewohnt hatte, überhäufte sie mit Geschenken.

Am nächsten Tag fand in den altehrwürdigen Mauern des Kremls Katharinas Verlobung mit Peter statt. Den damit verbundenen Feiern, bei denen Elisabeth wieder allen Prunk aufbot, wohnten alle Persönlichkeiten bei, die in Staat und Kirche Rang und Namen hatten. Katharina wurde in den Rang einer Großfürstin erhoben und war nun mit ihren fünfzehn Jahren nach der Zarin die höchstgestellte Dame am Hof. Die Mutter musste bei allen gesellschaftlichen Ereignissen, bei Empfängen, Festmählern und Bällen, ihrer Tochter den Vortritt lassen, was ihr alles andere als leicht fiel.

Nach diesen beiden Großereignissen im Leben Sophie-Katharinas ging es bunt und abwechslungsreich weiter. In den Sommermonaten 1744 unternahm die Großfürstin mit ihrer Mutter, ihrem Verlobten und ihrem Hofstaat eine Reise nach Kiew. Sie lernte dabei nicht nur Land und Leute näher kennen, sondern auch ihren zukünftigen Gemahl, der in derselben Karosse reiste und viel um sie war. Der schlechte Eindruck, den er bisher auf sie gemacht hatte, verstärkte sich. Peter benahm sich kindisch und flegelhaft, er machte grobe Scherze und war zu ernsthaften Gesprächen weder fähig noch bereit. Nie fand er ein zärtliches Wort für sie, von Zuneigung war nichts zu spüren. Sie erschauerte bei dem Gedanken, diesen unreifen, lieblosen Menschen heiraten zu müssen. Aber sie machte gute Miene zum bösen Spiel, ging auf seine kindischen Vergnügungen ein. Die Aussicht auf die Zarenkrone überstrahlte alle ihre Bedenken.

Peter war von schwächlicher Konstitution, sein Körper krankheitsanfällig. Immer wieder musste er wegen irgendeiner Unpässlichkeit das Bett hüten. Im Dezember 1744 erkrankte er an den Pocken. Mehrere Wochen blieb er dem Hof fern, wurde vom Fieber geschüttelt und von Schmerzen geplagt. Aber er überstand die gefürchtete Infektionskrankheit. Als er sich wieder in der Öffentlichkeit zeigen durfte, war sein Gesicht total verändert. „Ich war erschrocken, als ich ihn sah", hielt Katharina in ihren Memoiren fest. „Er war von Pockennarben derartig entstellt, dass er nicht wiederzuerkennen war."

Der Großfürst ist „sehr gewachsen", fügte sie hinzu.

Man darf nicht vergessen, dass er – wie übrigens auch sie – längst nicht voll erwachsen war.

Das rasche Wachstum und sein hässliches Aussehen brachten den labilen jungen Mann völlig aus dem seelischen Gleichgewicht. Er mied den Kontakt mit seiner Braut und tummelte sich statt dessen mit den Dienstboten, in deren Gesellschaft er sich offenbar wohl fühlte. Die Entfremdung zwischen den Verlobten wurde immer größer.

Der Zarin blieb das natürlich nicht verborgen. Sie überhäufte Katharina mit Aufmerksamkeiten aller Art und bemühte sich, sie über ihre Kümmernisse und Enttäuschungen hinwegzutrösten. An der geplanten Eheschließung hielt sie fest. Aber auch Katharina dachte nicht daran, die Verbindung zu lösen.

Die Trauung wurde von Elisabeth für den 21. August 1745 festgesetzt. „Ich hörte nur mit großem Widerwillen den Tag

Katharina und Peter als junges Paar, Künstler unbekannt

nennen, und es machte mir keine Freude, wenn man davon sprach", erinnerte sich Katharina.

Die Zarin scheute keine Kosten, um das Hochzeitsfest zu einem in Russland nie zuvor gesehenen Schauspiel zu machen. Monatelang war ein Heer von Handwerkern und Beamten mit den Vorbereitungsarbeiten beschäftigt. Juwelen wurden angefertigt, kostspielige Roben zugeschnitten, Näherinnen und Stickerinnen fertigten Mieder und Unterwäsche an. An zahlreiche Hochzeitsgäste ergingen Einladungen, der Winterpalast wurde generalrenoviert, das Programm für die Bankette, Bälle und alle anderen Veranstaltungen erstellt.

Die Braut befand sich in den Monaten und Wochen vor dem großen Ereignis in einem seelischen Erregungszustand. Sie weinte viel, war verzweifelt, suchte bei der Mutter und der Zarin Rat und Trost. Katharina war trotz ihrer Frühreife in sexuellen Dingen völlig unerfahren, ein eheliches Beisammensein flößte ihr Angst ein. Sie habe, schreibt sie in ihren Lebenserinnerungen, trotz ihrer sechzehn Jahre den Unterschied zwischen den Geschlechtern nicht gekannt. Die Mutter, die sie um Aufklärung ersuchte, blieb ihr die Antwort schuldig.

Am Morgen des Hochzeitstages stand Katharina früh auf, wurde von ihren Kammerfrauen angezogen, frisiert und geschmückt. Die Prozedur, die Stunden in Anspruch nahm, nervte sie. Um drei Uhr nachmittags geleitete die Kaiserin das Großfürstenpaar dann zur prunkvollen Karosse, die vor dem Palais bereitstand und in der sie an der Spitze von insgesamt hundertzwanzig Kutschen zur Kathedrale der heiligen Mutter von Kasan am Newskij Prospekt, der Prachtstraße von St. Petersburg, fuhren. Eine riesige Menschenmenge begaffte staunend die einzigartige Auffahrt.

Das junge Paar wurde im Rahmen einer langen, ermüdenden Zeremonie vom Erzbischof von Nowgorod getraut. Dann ging es wieder zurück in den Winterpalast, wo auf die Teilnehmer an der Hochzeitsfeierlichkeit ein üppiges Bankett wartete. Ein einstündiger Ball, auf dem nur Polonaisen getanzt wurden, beschloss den offiziellen Teil des Geschehens.

Nun zog sich die Braut in ihr Schlafgemach zurück. Die Zarin nahm ihr die Krone ab, die Obersthofmeisterin und einige Kammerfrauen entkleideten sie und brachten sie zu Bett. Ängstlich und voll innerer Unruhe wartete Katharina auf das Erscheinen ihres Gemahls. Eine Stunde verging, eine zweite. Mitternacht nahte. Da wurde die Tür geöffnet und herein trat schwankenden Schrittes der Bräutigam. Er zog sich mühsam aus, stülpte sich das Nachthemd über, murmelte etwas, das so ungefähr klang wie dass es den Kammerdienern Vergnügen bereiten würde, sie beide im Bett zu sehen, drehte sich zur Seite und schlief behaglich bis zum nächsten Morgen. Die Gattin blieb unberührt. Katharina: „Und in diesem Zustand verblieben die Dinge während der neun folgenden Jahre ohne die geringste Änderung.“

Das Leben am Zarenhof wurde im wesentlichen von den Wünschen und Launen der Kaiserin bestimmt. Elisabeth war ein ausgesprochen widersprüchlicher Charakter. Sie konnte fröhlich und übermütig, aber auch jähzornig, nachtragend und rachsüchtig sein. Ihre Stimmungen wechselten oft von Stunde zu Stunde und waren nicht nur von ihrer Miene, sondern auch von ihrer Kleidung abzulesen. Sie besaß 15.000 Roben, die in riesigen ledernen Truhen aufbewahrt wurden, unzählige Schuhe und Seidenstrümpfe sowie Truhen voller Juwelen. Sie erschien strahlend und schmucküberladen, wenn sie eine ereignisreiche Nacht mit einem Liebhaber hinter sich hatte, oder mit finsterem Gesicht und in schwarzen Gewändern, wenn sie eine ihrer schwermütigen, frömmlerischen Anwandlungen überkam. Den Hof hielt sie jedenfalls in Atem, vielen Bediensteten, selbst so manchem Würdenträger flößte sie Angst und Schrecken ein.

Katharina war sehr darauf bedacht, der Zarin keinen Anlass zur Klage zu geben. Sie hielt sich aus Intrigen heraus, wahrte Anstand, überlegte jeden ihrer Schritte. Dennoch hatte sie das Gefühl, dass sie hinter ihrem Rücken bespitzelt wurde. Elisabeth brachte ihr zwar Wohlwollen entgegen, aber die kleinste Ungeschicklichkeit konnte zum Verlust ihrer Sympathie führen. Die

Zarin erwartete von Katharina selbstverständlich männlichen Nachwuchs. Aber nach der Eheschließung verging Monat um Monat, ohne dass sich die schlanke Figur der Großherzogin rundete. Wie denn auch? Peter teilte zwar mit seiner Gemahlin das Bett, aber ihre Reize ließen ihn völlig kalt. Er liebkoste sie nicht, er rührte sie nicht an. Als nach einem Jahr Ehe keine Spur einer Schwangerschaft an Katharina zu bemerken war, stürmte eines Tages die Zarin in das Gemach der Großfürstin und überschüttete sie mit den heftigsten Vorwürfen. Katharina war wie vor den Kopf gestoßen. Was konnte sie dafür? Sie sehnte sich nach Liebe und Zärtlichkeit, aber ihr Gemahl wies alle ihre schüchternen Annäherungsversuche brüsk zurück. Er zog es vor, mit seinen Spielzeugsoldaten Schlachten zu inszenieren und Paraden abzuhalten, er betrank sich und demütigte sie bei jeder Gelegenheit. „Ich führte ein Leben", schrieb sie, auf diese Zeit zurückblickend, „das zehn andere Frauen in den Wahnsinn getrieben hätte."

Die junge Großfürstin war eine psychisch wie physisch robuste Natur. Aber die Lieblosigkeit ihres Ehemannes, die Intrigen und Widerwärtigkeiten am Zarenhof setzten auch ihr schwer zu. Sie litt an Kopf- und Zahnschmerzen, wurde von Schlaflosigkeit geplagt, hatte Kinderkrankheiten (Röteln, Masern), erkältete sich leicht. Obwohl ihr körperlicher Zustand manchmal zu den schlimmsten Befürchtungen Anlass gab, überstand sie doch alle gesundheitlichen Krisen.

In ihrer Einsamkeit und wenn sie die Langeweile plagte, suchte sie Trost in der Lektüre, las sie die Aufklärungsschriften von Voltaire und Montesquieu und holte sich bei ihnen jene geistigen Anregungen, die sie als Herrscherin einmal in die Tat umsetzen wollte.

Die Jahre vergingen, Katharina erblühte zur Frau. Ihr junger Körper drängte nach Erfüllung. Sie begann mit diesem und jenem Herrn am Zarenhof zu flirten. Den lieblosen Gatten kümmerte es nicht, und auch der Zarin schien es nichts auszumachen. Die Anstandsdame, die sie auf Schritt und Tritt überwachte, hatte offenbar die Weisung, sie gewähren zu lassen, wegzuschauen. Schließlich gewann Katharina den Eindruck, der Zarin sei es gleichgültig, mit wem die Großfürstin ein Kind zeuge. Wenn schon Peter nicht dazu imstande war, dann musste eben ein anderer Mann diese Aufgabe erfüllen.

Katharina verstand die unmissverständlichen Winke, die ihr zugingen, richtig zu deuten. Als ein gut aussehender Kammerherr namens Sergej Saltykow um ihre Gunst warb, gab sie nach langen Hinhaltemanövern seinem Drängen nach und erlebte zum erstenmal die Wonnen der Liebe. Saltykow schwängerte sie, aber sie konnte die Leibesfrucht nicht austragen. Auch eine zweite Schwangerschaft endete mit einer Fehlgeburt. Erst beim drittenmal gab es keine Komplikationen. Am 20. September 1754 brachte sie einen gesunden Knaben zur Welt, der ein paar Tage später auf den Namen Paul getauft wurde.

Die Umstände der Geburt waren alles anders als fürstlich. Die Wöchnerin wurde auf ihrem Schmerzenslager sich selbst überlassen, weder die Zarin noch der Ehemann kümmerten sich um sie. Peter wusste natürlich, dass er nicht der Vater des Kindes war, aber er schwieg. Der Knabe wurde unmittelbar nach der Geburt der Mutter abgenommen und unter die Obhut der Zarin gestellt. Katharina bekam ihn nur selten zu Gesicht. Sie hatte ihre Schuldigkeit getan. Russland hatte einen Thronerben. Die Demütigung schmerzte sie tief. Aber es kam noch schlimmer. Sergej Saltykow, ihr Liebhaber, wurde vom Zarenhof entfernt. Als er wieder zurückkehrte, wandte er sich von ihr ab. Er liebte sie nicht mehr.

Die schmerzlichen Erfahrungen, die sie hatte durchmachen müssen, machten sie nachdenklicher, reifer, veränderten sie. Sie nahm sich vor, nicht mehr der Spielball eines Mannes zu sein, behutsam und vorsichtig ihr Schicksal selbst in die Hand zu nehmen. Sie wollte am Zarenhof keine Marionette mehr spielen. Es war eine veränderte, selbstbewusste Katharina, die nach dem Wochenbett und den darauf folgenden Tagen der Einsamkeit und der Verbitterung an die Öffentlichkeit trat. Die Großfürstin von Russland begann jetzt auch politische Fäden zu knüpfen. Zwischen dem seit 1740 von Maria Theresia regierten Habsburgerreich und dem Preußen Friedrichs II. bahnte sich um diese Zeit ein neuer kriegerischer Konflikt an. Die beiden Mächte warben um Bundesgenossen. Zu Pfingsten 1755 schickte Großbritannien einen neuen Botschafter an den Zarenhof, der sofort das Vertrauen Katharinas gewann. Sie besprach mit Sir Charles Hanbury-Williams die politische Situation und führte mit ihm einen geheimen Briefwechsel, der sie noch in Schwierigkeiten bringen sollte. Politisch blieb das Vertrauensverhältnis wirkungslos. Russland trat als Gegner Großbritanniens und Preußens auf der Seite Österreichs in den Siebenjährigen Krieg ein. Folgenschwerer wirkte sich die Freundschaft mit dem Briten persönlich für Katharina aus. Sir Charles hatte in seinem Gefolge einen jungen polnischen Adeligen nach St.Petersburg mitgebracht, der als einer der schönsten Männer seiner Zeit galt: Stanislaus Poniatowski. Poniatowski wurde der Großfürstin vorgestellt, und er gefiel ihr auf den ersten Blick. Er war sanft, gebildet und hatte vorzügliche Manieren. Auf Hofbällen ließ sie sich von ihm umschwärmen, es gab heimliche Rendezvous, verstohlene Zusammenkünfte. Es dauerte nicht lang und sie war seine Geliebte. Ende 1757 brachte sie ein Kind von ihm zur Welt, eine Tochter, die ein Jahr nach der Geburt starb. Der Großfürst schlief jetzt ab und zu mit seiner Gemahlin, aber an seiner Vaterschaft zweifelte er. Er vermied jedoch einen Skandal.

Der Gesundheitszustand der Zarin verschlechterte sich zusehends. Obwohl Elisabeth noch nicht fünfzig war, wirkte sie müde und hinfällig. Am 8. September 1757 erlitt sie einen Schlaganfall, von dem sie sich zwar wieder erholte, aber das Ende ihres Lebens zeichnete sich ab. Längst beschäftigten sich russische Staatsmänner, vor allem Großkanzler Graf Alexis Bestushew, und natürlich auch die Großfürstin mit der Frage der Nachfolge. Man musste Vorsorge treffen, dass nicht der unfähige Peter die Zügel der Herrschaft ergriff. Zumindest nicht allein, ohne Mitwirkung Katharinas. Die Großfürstin führte mit Bestushew und anderen Männern, die auf sie setzten, Gespräche und schrieb ihnen auch. Sie begab sich damit auf ein höchst gefährliches Terrain. Wenn auch nur der geringste Verdacht bestand, dass sie in ein Komplott gegen die Zarin verwickelt war, konnte es sie den Kopf kosten. Tatsächlich wurde Bestushew auf Betreiben seiner Gegner verhaftet und einem Verhör unterworfen. Belastende Papiere wurden bei ihm jedoch nicht gefunden. Er hatte sie zuvor verbrannt, und das Gleiche tat auch die Großfürstin. Gleichwohl fiel sie bei der Kaiserin in Ungnade. Erst nach zwei längeren Unterredungen, bei denen sie auch ihre unglückliche Ehe ins Spiel brachte, gelang es ihr, Elisabeths Vertrauen wieder einigermaßen zurückzugewinnen. Schikanen blieb sie weiterhin ausgesetzt. Aber sie bewahrte Geduld und knüpfte vorsichtig neue politische und persönliche Kontakte.

Der Mann, auf den nun ihr Auge fiel, sollte in ihrem Leben noch eine entscheidende Rolle spielen: es war Grigorij Orlow, einer von fünf Brüdern, die allesamt in der russischen Armee als Offiziere dienten und für ihre ungewöhnliche Tapferkeit bekannt waren. Grigorij, der Zweitälteste, war ein gut aussehender, athletisch gebauter Mann mit weichen Zügen und großen, verträumten Augen. Katharina fand auf den ersten Blick an ihm Gefallen. Die Annäherung zwischen den beiden erfolgte behutsam und unter größter Vorsicht. Anfang 1761 war es dann so weit. Die Großfürstin wurde Orlows Geliebte. Ein paar Monate später war sie wieder einmal schwanger.

Es war das Jahr, in dem das Leben der Zarin endgültig ablief. Nach einem Blutsturz Mitte Dezember 1761 hörte das Herz Elisabeths am Nachmittag des Heiligen Abends auf zu schlagen. Stunden später fiel die Entscheidung über die Nachfolge. Den Zarenthron bestieg nicht Katharina, wie man in den ihr nahestehenden Kreisen gehofft hatte, sondern ihr Gemahl, der als Peter III. in die russische Geschichte eingegangen ist.

Peter war in Russland nie heimisch geworden. Er hatte nicht einmal den Versuch gemacht, sich am Zarenhof zu akklimatisieren, sich auf seine künftigen Herrscherpflichten vorzubereiten. Er hasste das Land und seine Bewohner, die orthodoxe Kirche blieb ihm fremd. Er brachte seine Abneigung gegen die rus-

Grigorij Orlow, Stich nach einem Gemälde von Pietro Antonio Rotari

sische Mentalität offen zum Ausdruck, verachtete und schmähte die einheimischen Sitten und Gebräuche, betonte bei jeder Gelegenheit sein Deutschtum. Dieses Verhalten trug ihm selbstverständlich die Feindschaft der Hofkreise und die geringschätzige Missachtung breiter Bevölkerungsschichten ein.

Peter benahm sich nach dem Tod seiner Tante ganz wie man es von ihm erwartet und befürchtet hatte. Er missachtete die Hoftrauer, kümmerte sich nicht um die bei einem solchen Anlass vorgesehenen Vorschriften und Zeremonien. Wenn er am Sarg der verstorbenen Herrscherin erschien, was selten genug der Fall war, kniete er nicht nieder und betete nicht, sondern beleidigte statt dessen die Priester und machte respektlose Witze. An den Abenden während der Trauerzeit veranstaltete er Feste voll ausgelassener Heiterkeit, schäkerte mit den Hofdamen, betrank sich. Beim Begräbnis der Zarin, das einen Monat nach dem Tod Elisabeths mit riesigem Pomp vor sich ging, verlangsamte er im Trauerzug das Tempo und beschleunigte es dann wieder so sehr, dass die betagten Minister und Höflinge mit ihm nicht Schritt halten konnten. Kurzum, er gebärdete sich wie ein Verrückter.

Seine Gattin hingegen wusste durch ihre tadellose Haltung die Volksgunst für sich zu gewinnen. Sie trug Trauerkleidung, kniete stundenlang vor dem Sarg, bekreuzigte sich, vergoss Tränen, war verzweifelt. Ob das alles echten Gefühlsregungen entsprang oder lediglich gut gespielt war, wusste nur sie.

Unterdessen hatte der neue Herrscher seine ersten Entscheidungen getroffen. Bereits am Abend nach seiner Thronbesteigung erklärte er den Krieg mit Preußen für beendet. Er leistete mit diesem Schritt seinem bewunderten Vorbild, König Friedrich II., der sich in einer misslichen militärischen Lage befand, einen unermesslich wertvollen Dienst. Damit nicht genug, reformierte er die Armee von der Uniformierung bis zum Dienstreglement nach preußischem Muster, was in Offizierskreisen und in der Truppe eine ungeheure Erregung auslöste. Noch unkluger waren seine Maßnahmen gegen die russischorthodoxe Kirche. Er enteignete deren Besitz, befahl den Priestern, sich ihr langes Haar und ihre Bärte abschneiden zu lassen und statt ihrer langen schwarzen Gewänder kurze Röcke nach Art der lutherischen Pastoren zu tragen. Die Heiligenbilder (Ikonen) in den Kirchen wurden auf die Darstellung von Jesus Christus und der Jungfrau Maria beschränkt. Dieser Angriff auf die Volksfrömmigkeit löste bei den Gläubigen Wut und Empörung aus. Lediglich den Adel versuchte er durch die Gewährung größerer Freiheiten für sich zu gewinnen.

Katharina, die befürchten musste, von ihrem Gemahl in ein Kloster gesperrt zu werden, lebte zurückgezogen in ihren Gemächern und mied die Öffentlichkeit. Sie hatte allen Grund dazu. Ihre Schwangerschaft, über die nur ein paar Eingeweihte informiert waren, ging dem Ende entgegen. Am 11. April 1762 gebar sie völlig abgeschirmt einen gesunden Knaben. Das Kind wurde ihr diesmal nicht abgenommen, aber jetzt war es ihr selbst im Weg. Es kam zu Pflegeeltern.

Drei Wochen nach ihrer Niederkunft feierte Katharina ihren 33. Geburtstag. Bei diesem Anlass sprach sie sich gegen einige Maßnahmen aus, die Peter getroffen hatte. Der Zar reagierte mit einem Wutanfall und schlug zurück. Bei einem Bankett, an dem neben den höchsten Würdenträgern am Zarenhof auch zahlreiche ausländische Botschafter teilnahmen, beschimpfte er sie aus nichtigem Anlass als „dummes Frauenzimmer". Katharina nahm die Beleidigung äußerlich gelassen hin. Aber das Maß war nun voll. Sie wollte sich nicht länger demütigen lassen.

Längst gab es Pläne für einen Staatsstreich. Die Brüder Orlow und andere Offiziere, vor allem der Garderegimenter, hatten Tausende Getreue um sich geschart, die bereit waren, den unbeliebten Zaren abzusetzen und seine kluge Gemahlin auf den Thron zu hieven. Katharina wusste davon. Sie hatte sich aber bislang aus der Verschwörung herausgehalten, ihre Anhängerschaft eher gebremst als zur Tat ermuntert. Jetzt ließ sie den Dingen ihren Lauf.

Am Morgen des 28. Juni 1762 wurde sie in ihrem Schlafgemach im Peterhof von ihrer Kammerzofe sanft geweckt. Alexej, einer der Orlow-Brüder, sei im Schloss angekommen, wurde ihr

Blick auf den Kreml, Lithographie von Gottfried Engelmann

mitgeteilt. Er überbrachte die Nachricht, dass der Tag des Handelns angebrochen sei. Rasch kleidete sie sich an, stieg in eine Kutsche und schon setzte sich das Gefährt in Richtung St.Petersburg in Bewegung. Unterwegs stieß Grigorij Orlow, das Haupt der Verschwörung, zu ihr. Gemeinsam mit ihrem Liebhaber schwor sie in den Vororten der Hauptstadt einige Garderegimenter auf sich ein. Und dann lief alles, wie geplant, in Windeseile ab. Bereits am frühen Vormittag wurde Katharina in der Kasaner Kathedrale zur Alleinherrscherin proklamiert und vom Metropoliten von St.Petersburg gesegnet. Kurze Zeit später erließ sie vom Winterpalais aus eine Proklamation an das Volk, in dem sie die Gründe für den Staatsstreich, der vollkommen unblutig vor sich gegangen war, darlegte.

Der Zar, der sich in Oranienburg aufhielt, wurde von diesen Ereignissen völlig überrascht. Als er davon erfuhr, war es für Gegenmaßnahmen zu spät. Er unternahm einen Fluchtversuch, wurde gefangen genommen und dankte widerstandslos ab. Unter strenger Bewachung wurde er auf Schloss Ropscha gebracht und dort interniert. Die Wachmannschaft stand unter der Führung von Alexej Orlow. Eine Woche nach seiner Internierung war Peter III. tot. Die Umstände seines Todes sind bis zum heutigen Tag mysteriös geblieben. Aller Wahrscheinlichkeit nach ist er zunächst vergiftet und dann erdrosselt worden. Alexej Orlow schrieb der Zarin einen kurzen Brief, in welchem er sie davon informierte und sie um Verzeihung für das „Unglück" bat.

Katharina war betroffen. Sollte sie Alexej für die Tat verantwortlich machen oder ihm die Bitte um Verzeihung gewähren? Sie entschloss sich für die zweite Variante. Der Mord wurde vertuscht. Der Zar, so ließ sie verkünden, sei an einer Darmblutung verstorben.

Am 1. September 1762 machte sich Katharina mit einem riesigen Konvoi nach Moskau auf, wo sie zwölf Tage später ankam und auf dem Roten Platz von einer großen Menschenmenge begrüßt wurde. Neugierig drängten sich die Leute um die prächtige Staatskarosse. Die neue Herrscherin nickte ihnen huldvoll zu. Dann bahnte sich die Wagenkolonne einen Weg durch das Gewimmel und verschwand hinter den Kremlmauern.

In den nächsten zehn Tagen bereitete sich Katharina auf ihre feierliche Krönung zur Zarin von Russland vor, die für den 22. September angesetzt war. Die Vorbereitungen für den Festakt waren umfangreich und beanspruchten die Arbeitskraft und die Phantasie von zahllosen Untertanen.

Moskau fieberte dem Jahrhundertereignis mit spannungsgeladener Ungeduld entgegen. Als es dann ablief, übertraf es an Aufwand und Prunk die kühnsten Erwartungen. Die reich geschmückten Karossen, die Roben der Damen, die bunten Uniformen der Garderegimenter, die diamantenfunkelnde Krone der Zarin, das Trompetengeschmetter der Musikkapellen, das Geläute de Kirchenglocken, die Salutschüsse aus den Kanonenrohren fügten sich im Geist der Betrachter kaleidoskopartig zu einem unvergesslichen Erinnerungsbild zusammen.

In der Maria-Himmelfahrts-Kathedrale, wo die Krönung im Rahmen eines feierlichen Gottesdienstes stattfand, setzte sich Katharina nach russischem Brauch die Krone selbst auf das Haupt und wurde vom Erzbischof von Nowgorod gesalbt. Sophie von Anhalt-Zerbst, eine kleine, unbedeutende deutsche Prinzessin, hatte ihr Ziel erreicht: sie war als Katharina II. zur Alleinherrscherin über ein Riesenreich aufgestiegen. Sie war jetzt dreiunddreißig Jahre alt und stand in der Blüte ihres Lebens.

Wie groß war Russland damals, wie viele Quadratmeter Bodens umfasste es, von wie vielen Menschen war es bevölkert, wie viele Städte und Dörfer gab es, welche Ressourcen standen dem Zaren zur Verfügung? Katharina wusste es nicht, konnte es nicht wissen. Es gab noch keine genauen Landkarten, keine verlässlichen statistischen Unterlagen. Aber eines wusste die Zarin: im Vergleich mit den Staaten Mittel- und Westeuropas war Russland in vielerlei Hinsicht rückständig. Reformen waren notwendig, um diesen Rückstand aufzuholen, zumindest zu verringern. Dieses ehrgeizige Ziel setzte sie sich.

Katharina ging mit ungeheurer Tatkraft ans Werk. Sie gründete Fabriken, rief ausländische Fachkräfte ins Land, schloss Handelsverträge mit zahlreichen europäischen Ländern ab, schuf neue, überschaubare Verwaltungseinheiten, ließ neue Städte bauen, verbesserte das Schul- und Gesundheitswesen und erweiterte durch eine imperialistische Machtpolitik, durch Bündnisse und Kriege das russische Territorium beträchtlich. So erwarb sie im Einvernehmen mit Preußen und Österreich große Teile Polens (polnische Teilungen) und setzte sich im Kampf gegen das Osmanenreich am Schwarzen Meer fest. Unter ihrer Herrschaft (1762-1796) stieg Russland zur Vormacht in Osteuropa auf. Katharina II. war neben Maria Theresia und Königin Elisabeth I. von England die bedeutendste Frau, die je auf einem europäischen Thron saß.

Katharina hatte einen wachen Verstand, einen klaren Blick für wirtschaftliche Entwicklungen und politische Möglichkeiten, sie war tüchtig und in ihrer Lebensweise vergleichsweise bescheiden. Sie aß und trank mäßig. Ihre Bildung reichte über das Durchschnittsmaß anderer zeitgenössischer Herrscher hinaus, sie liebte Bücher, las viel, war eine leidenschaftliche Briefschreiberin und verfasste sogar Schulbücher.

Bei der Auswahl ihrer Mitarbeiter bewies die Zarin hervorragende Menschenkenntnisse. Hatten sie einmal ihr Vertrauen gewonnen, ließ sie ihnen bei Entscheidungen viel Spielraum und erwies sich in Geldangelegenheiten als großzügig. Für junge Männer hatte sie als Ratgeber wie als Liebhaber eine besondere Schwäche.

Auch nach ihrer Thronbesteigung blieb Grigorij Orlow der Mann ihres Herzens. Sie hatte von ihm drei Kinder. Alexej, von dem bereits die Rede war, war ein gesunder, robuster Knabe. Die Zarin kümmerte sich mütterlich um ihn, ließ ihm eine hervorragende Erziehung angedeihen und schickte ihn zur Fortsetzung seiner Studien nach Paris, wo er sich jedoch einem Luxusleben hingab und die Mutter immer wieder um finanzielle Zuwendungen anbetteln musste.

Von der Existenz der beiden anderen Kinder wusste die Öffentlichkeit nichts. Das Liebesleben der Zarin war tabu. Selbst am Hof wagte es niemand, offen darüber zu reden. Natürlich wusste dort jedermann, welche Rolle Graf Orlow (er wurde später zum Fürsten erhoben) spielte. Offiziell führte er den Titel „Generaladjutant". Er hatte kein spezielles Aufgabengebiet, wurde von der Kaiserin jedoch in ihre Entscheidungen mit einbezogen und mit den verschiedensten Aufgaben betraut. So machte sie ihn etwa zum Leiter des Artilleriewesens und übertrug ihm die Bekämpfung der Pest, die 1771 Moskau heimsuchte. Es war kein militärischer, sondern vielmehr ein administrativer Auftrag, der Unerschrockenheit und Durchschlagskraft erforderte. Es waren genau diese Eigenschaften, die Grigorij Orlow auszeichneten. Er ordnete Notmaßnahmen an, trennte die Gesunden von den Kranken, zwang die von der Epidemie befallenen Menschen zur Anwendung einer primitiven, aber wirksamen Behandlungsmethode und meisterte mit diesen Maßnahmen die ihm gestellte Aufgabe.

Das Hofleben behagte dem Grafen ganz und gar nicht. Er war eine raue Soldatennatur, die das Schlachtfeld einem Drohnenleben hinter den Kremlmauern vorzog. Die Zarin schätzte seine militärische Tüchtigkeit und seinen Mut, aber als guter Bettgenosse war ihr Grigorij lieber denn als kühner Offizier. Also behielt sie ihn in ihrer Nähe.

Katharina trug sich eine Zeitlang mit der Idee, Orlow zu ihrem Gemahl zu machen. Graf Nikita Panin, einer ihrer Ratgeber, auf dessen Wort sie viel hielt, riet ihr jedoch dringend davon ab. Grigorij sei an der Verschwörung gegen den Zaren führend beteiligt gewesen, sie würde sich durch einen solchen Schritt vor der Öffentlichkeit kompromittieren, gab er zu bedenken. Katharina fügte sich diesem Argument. Eine Herrscherin, das war ihr klar, konnte nicht immer dem Ruf ihres Herzens folgen.

Der Generaladjutant kam sich am Zarenhof bald überflüssig vor. Er war oft schlechter Laune, zänkisch und benahm sich der Zarin gegenüber zunehmend anmaßend, geradezu beleidigend. Katharina nahm es hin, versuchte ihn zu beschwichtigen, förderte seine Vorlieben und Interessen. Es half nichts. Die leidenschaftliche Liebe, die sie so viele Jahre aneinandergekettet hatte, wich der Ernüchterung, erlahmte, erlosch schließlich. Grigorij fand Gefallen an anderen Frauen, machte ihnen den Hof, stieg mit ihnen ins Bett. Die Zarin ertrug die Demütigung anscheinend mit Gelassenheit. Aber das ungebührliche Verhalten ihres Liebhabers schmerzte sie tief. Als sich Grigorij schließlich in seine dreizehnjährige Cousine verliebte und sie zu heiraten beabsichtigte, setzte Katharina der langjährigen Liaison ein Ende und legte sich kurzerhand einen achtundzwanzig Jahre alten Liebhaber zu. Die Zarin erhob Alexej Wassiltschikow, ihren neuen Favoriten, in den Rang eines Kammerherrn und stellte ihm die Suite zur Verfügung, die Orlow bewohnt hatte. Sie war durch eine Geheimtreppe direkt mit ihrem Schlafzimmer verbunden.

Als Orlow erfuhr, dass sich Katharina einen neuen Geliebten zugelegt hatte, kehrte er – er befand zu diesem Zeitpunkt im heutigen Rumänien, wo er Friedensverhandlungen mit den Osmanen führte – unverzüglich nach St. Petersburg zurück. Er wollte sich nicht kampflos zur Seite drängen lassen.

Katharina empfing ihn kühl. Sie beharrte auf ihrem Entschluss, sich von ihm zu trennen. Großzügig versüßte sie ihm den Abschied mit Geld und Landschenkungen und stimmte der Ehe ihres Ex-Liebhabers mit seiner jungen Cousine zu.

Fürst Orlow konnte sich seines neuen Liebesglücks nicht lange erfreuen. Seine Gemahlin starb nach fünfjähriger Ehe, er selbst erlitt einen Schlaganfall, von dem er sich nicht mehr erholte. Völlig verwirrt, ein Schatten seiner selbst, landete der einstmals stattliche, imposante Mann schließlich in einer geschlossenen Anstalt, wo er am 12. April 1783 im Alter von sechsundvierzig Jahren starb. Die Zarin trauerte um ihn. Er war ihr trotz seiner Launenhaftigkeit eine starke männliche Stütze gewesen.

Sein junger Nachfolger war nur ein schwacher, unzulänglicher Ersatz. Er war unintelligent und ein Langeweiler. Die Zarin von Russland, die mittlerweile fünfundvierzig Jahre alt geworden war und deren Haar zu ergrauen begann, fand bei ihm nicht die Geborgenheit, die Befriedigung und Erfüllung, die sie suchte. Sie hielt Ausschau nach einem Herkules, in dessen starken Armen sie wieder glücklich sein konnte.

Zarin Katherina II. im Kreise ihrer Hofgesellschaft
nach Franz Kollauz

Den Mann, den sie nun in entscheidender Position in ihr Leben holte, kannte sie bereits seit zehn Jahren, aber in diesem Jahrzehnt war er immer wieder aus ihrem Gesichtsfeld verschwunden. Grigorij Potemkin gehörte zu den Gardeoffizieren, die den Staatsstreich von 1762 organisiert hatten. Sie hatte ihn damals zum Kammerherrn ernannt und an den Hof geholt, wo er sich zum Kreis der Orlow-Brüder gesellte.

Der junge Mann erregte ihre Phantasie. Ein Hüne von Gestalt, breitschultrig, aber wohl proportioniert, war er ganz einfach nicht zu übersehen. Er war aber auch intelligent und gebildet, was sie besonders schätzte. Ungemein selbstsicher, männlich und stark passte er so gar nicht zu den schmalbrüstigen, wesenlosen Höflingen, die sich am Zarenhof tummelten. Auch sein Benehmen war alles andere als höfisch-vornehm. Er kleidete sich nachlässig, puderte seine Perücke nicht, kaute an seinen Fingernägeln, lag bis mittags im Bett. Das kreidete man ihm selbstverständlich als flegelhaft und ungehobelt an. Es kümmerte ihn wenig, zumal sich die Zarin dazu nicht äußerte.

Auch nach einer Entfremdung und tätlichen Auseinandersetzung mit den Orlows führte er sein despektierliches Hofleben weiter. Er quittierte den Hofdienst erst, als er infolge einer verschlampten Infektionskrankheit sein linkes Auge verlor. Entstellt und in seiner Eitelkeit verletzt, zog sich der einäugige Zyklop in ein Kloster zurück. Der Riese war ein gläubiger Mensch und hatte ein brennendes Interesse an Fragen der Theologie.

Katharina, der diese Seite seiner Persönlichkeit verborgen geblieben war, band ihn wieder in ihren Dienst ein. Sie übertrug ihm Ämter und Aufgaben, die seinen Vorlieben und Fähigkeiten entsprachen: er wurde in eine Kommission für religiöse Angelegenheiten berufen und mit der Aufgabe betraut, sich mit den konfessionellen Minderheiten des Reiches zu beschäftigen. Potemkin leistete ersprießliche Arbeit. Als dann eines Tages wieder einmal ein Türkenkrieg ausbrach, hielt es ihn nicht länger in St. Petersburg. Er meldete sich freiwillig an die Front, zeichnete sich aus, wurde zum Generalmajor befördert und schließlich von Katharina, mit der er brieflichen Kontakt hielt, zu ihrem Favoriten erkoren.

Grigorij Potemkin trat am 1. März 1774 seinen Dienst als Liebhaber der Kaiserin an. Er war vierunddreißig Jahre alt, um zehn Jahre jünger als Katharina. Fülliger geworden, sah er nicht gerade wie ein Adonis aus. Aber das spielte keine Rolle für die Zarin. Sie erkannte bald, dass sie die richtige Wahl getroffen hatte. Grigorij Potemkin erwies sich als erfahrener Liebhaber. Die Zarin war ihm bald mit Haut und Haar verfallen. Er weckte in ihr ungeahnte Leidenschaften, nannte sie seine „Feuerfrau", während sie ihn mit den absurdesten Kosenamen bedachte. Er war ihr Löwe im Dschungel, ihr Täubchen, ihr goldener Tiger, ihr Goldfasan. Ein seltsames Tiergemisch. Und seltsam fand sie auch ihre alle Grenzen der Vernunft sprengende Liebe. „Worüber ich immer gelacht habe – genau dasselbe ist mir widerfahren", schrieb sie ihm, selbst wenn er nur ein paar Meter entfernt im Nebenraum saß, „dass mich die Liebe zu Dir blind gemacht hat. Ich empfinde jetzt Gefühle, die ich früher für schwachsinnig, übertrieben und unvernünftig hielt … ich vergesse alles, was mir die Vernunft gebietet, und ich bin ganz benommen, sooft ich bei Dir bin."

Sie vergaß die Welt, wenn sie mit ihm beisammen war, sie war unbeschreiblich glücklich. Die Zarin, die bereits Alterserscheinungen plagten, genoss in einer Art von Torschlusspanik die große Liebe ihres Lebens.

„O Monsieur Potemkin, welches vermaledeite Wunder haben Sie vollbracht, einen Kopf derartig zu verwirren, der bisher als einer der besten Europas galt!" fragte sie ihn, ohne darauf eine Antwort zu erwarten. Zwischen ihr und Potemkin gab es eine tiefe sinnliche und seelische Übereinstimmung.

Alle Anzeichen sprechen dafür, obwohl es dokumentarisch nicht nachweisbar ist, dass Katharina mit Potemkin eine heimliche Ehe eingegangen ist. Sie soll Ende 1774 in einer Kirche am Stadtrand von St.Petersburg geschlossen worden sein.

Grigorij Potemkin wusste natürlich, dass Katharina Wachs in seinen Händen war. Er nutzte die Vorzugsstellung, die er in ihrem Herzen genoss, bald weidlich aus, benahm sich respektlos und verletzend und schreckte selbst vor Demütigungen nicht zurück. Herrschsüchtig und ehrgeizig, wie er war, verlangte er einen Anteil an den Regierungsgeschäften. Er wollte sich nicht damit abfinden, lediglich als Liebhaber der Zarin in die Geschichte einzugehen. Er wollte Macht ausüben. Mit diesem Ansinnen, das er gebieterisch forderte, stieß er bei der Zarin auf energische Ablehnung. Die gekrönte Herrscherin des russischen Reiches war s i e. Einen Mitregenten duldete sie nicht.

Es verging nun kein Tag, an dem es zwischen den beiden nicht zu heftigen Szenen gekommen wäre. „Wir streiten immer über Macht, nie über Liebe", klagte sie in einem Brief an ihn.

Katharina sann nach einem Ausweg aus dem Dilemma. Wie konnte sie Grigorijs politischen Ehrgeiz befriedigen, ohne dass sie an Macht einbüßte, ihm eine Aufgabe übertragen, die ihn zufrieden stellte? Nach längerem Überlegen bot sie ihm an, als ihr persönlicher, mit allen Vollmachten ausgestatteter Vertrauensmann in den „neurussischen" Gebieten am Schwarzen Meer tätig zu sein, dort die religiösen Minderheiten zu versöhnen, das Land zu kolonisieren und Häfen anzulegen. Schweren Herzens machte sie ihm diesen Vorschlag, der nicht mehr und nicht weniger bedeutete, als dass sie auf ihn als Liebhaber verzichten musste.

Grigorij Potemkin stimmte zu. Seinen Platz im Bett der Kaiserin trat er an einen Mann seiner eigenen Wahl ab. Er wusste, dass die Zarin nicht ohne Liebhaber sein konnte.

Es war ein junger Ukrainer, der erste von etwa fünfzehn männlichen Wesen, die am Hof von St.Petersburg wie die Drohnen im Bienenstaat die ihnen zugeteilte Rolle spielten. Nach Erfüllung ihrer Pflicht wurden sie reich belohnt. Einen Teil ihrer Entlohnung, in der Regel etwa 100 000 Rubel, mussten sie an Potemkin für seine Vermittlerdienste abtreten.

Die Auswahl war streng. Ehe der Günstling seinen Dienst antreten durfte, wurde er medizinisch untersucht, sein Charakter getestet, dann musste er seine Manneskraft und seine erotischen Kenntnisse an einer ausgewählten Hofdame erproben, die

Grigorij Potemkin, Schabblatt von James Walker

ihn dann nach bestandener Prüfung zur weiteren Verwendung an Ihre Majestät die Zarin weiterreichte.

Der Andrang zu diesem Posten am Hof von St. Petersburg war groß. Schließlich konnte man auf diese Art innerhalb kurzer Zeit eine Menge Geld verdienen.

Was aber bedeuteten der Zarin ihre jungen Liebhaber? Selbstverständlich hat sie ihre jugendliche Physis geschätzt, aber es verband sie mit so manchem von ihnen auch Mütterliches. Sie, deren mütterliche Gefühle in jungen Jahren zugeschüttet wurden, hatte das Bedürfnis, diese Jünglinge zu erziehen, ihnen, wenn nötig, Bildung angedeihen zu lassen. Nicht immer hatte sie damit Erfolg. Nicht immer konnte sie ein Vertrauensverhältnis zu ihnen aufbauen, eine geistige Gemeinsamkeit herstellen. Der Altersunterschied war einfach zu groß. Und dann fand sie doch noch einmal einen Liebhaber, mit dem sie seelisch übereinstimmte, der zur „Stütze ihres Alters" wurde. Alexander Lanskoj, von dem die Rede ist, stammte aus einer verarmten Landadelsfamilie und gehörte der kaiserlichen Leibgarde an, als das Auge der Zarin wohlgefällig auf ihn fiel. Lanskoj besaß eine poetische Ader und hatte eine Vorliebe für die bildende Kunst. Die Zarin förderte seine dichterische Begabung, wählte seine Lektüre aus, weckte seine Liebe zur Musik. Zwischen der welterfahrenen Herrscherin und dem wissenshungrigen jungen Mann entwickelte sich eine tiefe geistige Beziehung, die Katharina mit innerer Zufriedenheit erfüllte. Sie überschüttete ihren Günstling mit Geschenken aller Art: Ländereien, Häusern, Bildern und anderen Kunstgegenständen. Als er 1784 binnen weniger Tage nach einer Scharlachinfektion hinweggerafft wurde, war sie verzweifelt. Sie weinte Alexej Lanskoj, der zwar nicht ihr letzter, aber ihr feinsinnigster Liebhaber war, bittere Tränen nach. „Mein Zimmer ist wie ein leerer Käfig," schrieb sie an einen Vertrauten.

An den europäischen Höfen war der Lebenswandel der Zarin ein unerschöpflicher Gesprächsstoff. Man mokierte sich darüber. Skandalgeschichten wurden kolportiert, die wildesten Gerüchte machten die Runde. Es war viel scheinheilige Heuchelei dabei im Spiel. Im 18. Jahrhundert saß die Moral in den höheren Gesellschaftsschichten ziemlich locker. Ihr ausschweifendes Liebesleben hat dem Ansehen Katharinas II. aber zweifellos geschadet. Nicht nur bei den Zeitgenossen, sondern vor allem im Urteil der Nachwelt.

Grigorij Potemkin leistete als Generalgouverneur Katharinas in den neuen, den Türken abgenommenen Gebieten im Süden Russlands als Kolonisator ersprießliche Arbeit. Er rief Siedler ins Land, die den Boden urbar machten und bewirtschafteten, förderte das Handwerk, ließ neue Städte errichten und beauftragte nach der Eroberung der Halbinsel Krim 1783 den englischen Admiral Thomas Mackenzie mit dem Bau eines neuen Hafens in Sewastopol.

Mit der Zarin, die ihn nach wie vor verehrte, stand er in ständigem brieflichen Kontakt, an ihrem Privatleben nahm er weiterhin regen Anteil. Gelegentlich kam er sogar nach St. Petersburg, um Bericht zu erstatten und mit Katharina seine zukünftigen Schritte und Projekte zu besprechen.

Katharina konnte sich von den Zuständen in den „neurussischen" Gebieten, die völlig außerhalb ihres Gesichtskreises lagen, keine Vorstellung machen. Sie war daher dem Vorschlag Potemkins nicht abgeneigt, ihnen einen Besuch abzustatten.

Nach monatelangen Vorbereitungen brach die Zarin mit einem Riesengefolge Anfang Januar 1786 zur längsten Reise in ihrer gesamten Regierungszeit auf. Mitten im Winter ging es bei bitterster Kälte in Reiseschlitten durch die Weiten Russlands zunächst nach Kiew. Katharina wurde nicht nur von ihrem neuen Liebhaber, sondern auch von hohen ausländischen Gästen, unter anderem den österreichischen Diplomaten Fürst Charles Joseph de Ligne und Graf Johann Philipp Cobenzl, begleitet. In Kiew, wo die Reise für drei Monate unterbrochen wurde, fand sich auch Grigorij Potemkin ein. Er übernahm nun persönlich die Leitung des gesamten Unternehmens. Anfang Mai schiffte sich die Zarin mit ihrer Hofgesellschaft auf sieben riesigen, prachtvoll ausgestatteten Galeeren ein, die unter seiner Aufsicht gebaut worden waren, und dann ging es auf dem Dnjepr nach Süden. Jedes der Luxusschiffe verfügte über elegant möblierte Schlafzimmer, einen großen Speisesaal und ein aus zwölf Musikern bestehendes Orchester, das für Tafelmusik sorgte und abends zum Tanz aufspielte. Insgesamt zählte „Kleopatras Flotte", wie sie Fürst de Ligne nannte, mit den Begleitfahrzeugen achtzig Schiffe.

Potemkin, der seine Leistungen zur Schau stellen wollte, ließ es auf Kosten der Zarin an Prunk und Pomp nicht fehlen. Aber während Katharina vor Kaiser Josef II., den sie eingeladen hatte und der in Jekaterinoslaw zur Reisegesellschaft gestoßen war, ihre Macht demonstrierte, wurde ihr Reich von einer Hungersnot heimgesucht.

Überall, wo man Halt machte, führte Potemkin sein Aufbauwerk vor: Dörfer mit schmucken Häusern, Städte, Häfen mit großzügig ausgebauten Docks und Werftanlagen, fruchtbares Ackerland, das aus Ödland entstanden war. Auf der Halbinsel Krim, dem Ziel der Reise, führte Potemkin der Herrscherin in Sewastopol seine Schwarzmeerflotte vor.

Katharina war begeistert. Mit dieser Flotte würde sie das außenpolitische Ziel wahr machen können, das ihr vorschwebte: Konstantinopel zu erobern und Russland einen Zugang zum Mittelmeer zu verschaffen. Es war ein schöner Traum der russischen Politik, der sich bis heute nicht erfüllt hat.

Der Türkenkrieg, den sie herbeisehnte und bei dem ihr Josef II. militärische Schützenhilfe leistete, brach kurz nach ihrer Rückkehr nach Moskau aus. Potemkin, der den Oberbefehl über Flotte und Armee führte, blieb lange Zeit untätig. Er steckte wieder einmal in einer seiner depressiven Phasen. Zahlreiche aufmunternde Depeschen der Zarin waren nötig, um ihn aus seiner Lethargie zu reißen. Nach einjähriger Belagerung eroberte er endlich die Festung Otschakow. Katharina atmete erleichtert auf.

Der Türkenkrieg endete mit einem Sieg Russlands. So sehr sich Katharina darüber freute, der Tod Potemkins am 5. Oktober 1791 stürzte sie in tiefste Verzweiflung. Tagelang war sie für niemanden zu sprechen. „Sie können sich das Ausmaß meines Kummers nicht vorstellen", schrieb sie an einen ihr nahestehenden, langjährigen Freund. „Er hatte ein wunderbares Herz, er war menschlich weise, äußerst liebenswert und hatte neue Ideen. Mit einem Wort: er war ein Staatsmann."

Jetzt, da sie ihrer größten Stütze beraubt war, geriet die Zarin immer stärker unter den Einfluss ihres letzten Günstlings, den nicht Potemkin, sondern sie selbst ausgesucht hatte. Es war eine schlechte Wahl. Der junge Mann besaß keine nennenswerten Fähigkeiten und war in seiner Stellung als einer der höchsten Würdenträger bei Hof schlicht überfordert. Es fehlte ihm an Bildung und geistiger Aufgeschlossenheit. Zu sexuellen Kontakten zwischen ihm und der alt gewordenen Zarin dürfte es, so meinen zeitgenössische Beobachter, wohl nicht gekommen sein. Katharina war nicht mehr begehrenswert. Ein ausländischer Diplomat, der sie ein- bis zweimal pro Woche sah, berichtet, die Zarin sei sehr beleibt geworden, mache bei Audienzen aber noch immer einen vornehmen und würdigen Eindruck. Komme man mit ihr ins Gespräch, so der Gewährsmann weiter, sei die Harmonie ihrer Erscheinung plötzlich gestört, „denn wenn sie den Mund auftat, sah man, dass sie keine Zähne mehr hatte. Ihre Stimme klang brüchig, und sie sprach undeutlich."

Die Geschichten, die man sich über ihre Ausschweifungen in ganz Europa noch immer erzählte, stimmten nicht mehr, hatten nie gestimmt. Katharina II. war keine Männerfresserin. Die Zarin von Russland war immer dem Mann treu, den sie in ihr Herz geschlossen hatte, einem nach dem anderen. „Mein großes Unglück ist es, dass ich nicht ohne Liebe leben kann", sagte sie einmal. „Und ich weiß nicht, ob dieser Zustand des Herzens ein Laster ist oder eine Tugend."

Trotz ihres immer schlechter werdenden Gesundheitszustandes – sie litt an Bluthochdruck und geschwollenen Beinen, hatte Rheumabeschwerden, Schwindelanfälle plagten sie, das Augenlicht ließ nach – hielt sie die Zügel der Macht fest in der Hand, erledigte sie Tag für Tag vom Schreibtisch aus ihre Regierungsgeschäfte und verfolgte mit Interesse die politischen Vorgänge im übrigen Europa. Die revolutionären Ereignisse in Frankreich beobachtete sie mit Argusaugen. Nach der Hinrichtung König Ludwigs XVI. und seiner Gemahlin Marie Antoinette trug sie Trauerkleidung, das Jakobinertum verabscheute sie aus ganzem Herzen. Der Ausbreitung revolutionärer Ideen in ihrem Reich trat die ursprünglich aufklärerisch gesinnte Autokratin mit großer Entschiedenheit entgegen.

In den letzten Jahren ihrer Regierung war Katharina II., die sich als Herrscherin voll mit dem Russentum identifizierte und die außenpolitische Linie Zar Peters I. fortsetzte, die treibende Kraft bei der Teilung Polens. Als sich Polen 1791 durch eine neue Verfassung der Einflusssphäre Russlands zu entziehen versuchte, setzte sie die Armee in Marsch und annektierte im Verein mit Preußen große Teile des polnischen Staatsgebietes. Einen nationalpolnischen Aufstand unter der Führung von Tadeusz Kosciuszko ließ sie niederschlagen. 1795 strichen Russland, Preußen und Österreich Polen von der Landkarte. Die neu gewonnenen Provinzen kamen unter die Verwaltung russischer Grundherren.

Katharina II. regierte bis zuletzt mit starker Hand und unbändiger Willenskraft. Im September 1796 erlitt sie einen Schlaganfall, von dem sie sich nur mühsam erholte. Ihre sprichwörtliche Tatkraft erlahmte, die Regierungsarbeit geriet ins Stocken. Am Zarenhof zu St.Petersburg stand die Zeit still, während im Gefolge der Französischen Revolution bereits jener Mann von Sieg zu Sieg eilte, der die Existenz des russischen Staates schon bald in Frage stellen sollte: Napoleon Bonaparte.

Am Morgen des Novembertages 1796, an dem sie von einem zweiten Schlaganfall heimgesucht wurde, dem sie nach qualvollem Leiden erlag, las sie seinen Namen noch in einem Gesandtschaftsbericht. Es blieb ihr erspart, sich mit ihm näher zu beschäftigen.

Das ungereimte Liebesleben eines Kaisers

Napoleon Bonaparte

Die Bürgerin Beauharnais war noch die Mätresse von Vicomte Paul Barras, des mächtigsten Mannes Frankreichs, als sie den jungen General aus Korsika, der knapp zuvor einen royalistischen Aufstand in Paris niederkartätscht hatte, im Oktober 1795 in ihr Haus einlud. Barras, in dessen Salon im Palais Luxembourg beide verkehrten, war ihrer überdrüssig geworden. Sie solle sich um jemand anderen umsehen, hatte er ihr bedeutet und sie auf den kleinen, unscheinbaren Mann aufmerksam gemacht, auf den er große Stücke hielt. Der könne noch einmal ein großer Mann werden, war er überzeugt.

Rose, wie sie mit ihrem Vornamen hieß, war von dem Korsen keineswegs angetan. Er war körperlich überhaupt nicht attraktiv. Er hatte einen fahlen Teint, strähniges Haar, war schäbig gekleidet, abscheulich manierlos und sprach ein schlechtes Französisch. Aber wer weiß, vielleicht würde tatsächlich einmal etwas aus ihm werden.

Der Frauen gegenüber reservierte, linkische und schüchterne General freute sich über die Einladung sehr und war dann nicht nur von der Gastgeberin beeindruckt, sondern auch von der Eleganz und dem Luxus überrascht, der sie umgab. Er konnte nicht ahnen, dass beinahe alles, was diese Frau besaß, gar nicht ihr gehörte, geborgt war, zur Verfügung gestellt von reichen

Gönnern. Geld rieselte ihr, wenn sie welches besaß, wie Sand durch die Finger.

Rose Beauharnais war eine bezaubernde Frau, die mit ihren Reizen nicht geizte. Sie war mittelgroß (1,62m), hatte eine schöne Figur, ein hübsches Gesicht, dunkelbraune Augen mit langen Wimpern und seidiges Haar. Das Auffallendste an ihrer anmutigen Erscheinung waren die Ungezwungenheit ihrer Gesten und Bewegungen, ihr schwereloser, schwebender Gang, ihre melodische Stimme und ihr gewinnendes Lächeln. Sie war weltklug, hatte einen vollendeten Geschmack und verstand es, sich nach der jeweiligen Mode stilvoll zu kleiden. Ihre Umgangsformen waren perfekt, wirkten jedoch nie gekünstelt. Ihre angeborene Sanftmut paarte sich mit Liebenswürdigkeit, so dass es ihr nicht schwer fiel, sich der jeweiligen Situation und Lebenslage geschickt anzupassen. Um ihr Schicksal zu meistern, setzte sie gezielt ihre weiblichen Vorzüge ein, umgarnte die Männer nach Laune und Belieben und spannte sie zur Erreichung ihrer Wünsche und Begierden mühelos vor ihren Karren. Wählerisch bei der Auswahl ihrer Liebhaber war sie nicht. Es fiel nicht schwer, ihre Gunst zu erringen. So hat es denn auch ihrem in Liebesangelegenheiten unerfahrenen, aber leidenschaftlichen Bewunderer keine allzu große Mühe bereitet, sie zu seiner Geliebten zu machen. Rose Beauharnais ließ bei dieser ersten sexuellen Begegnung offenbar ihre Liebeskünste spielen, denn Napoleon Bonaparte war ihr danach regelrecht verfallen. „Erfüllt von Dir, erwache ich", schrieb er ihr am nächsten Morgen. „Dein Bild und der berauschende Abend von gestern haben mir die Sinne geraubt. Süße, unvergleichliche Joséphine" – er nannte sie einfach so –, „welch seltsame Wirkung üben Sie auf mein Herz aus? … Einstweilen tausend Küsse, mio dolce amor, aber erwidern Sie sie nicht, denn sie setzen mein Blut in Brand."

Für Napoleon war es das erste große Liebeserlebnis. Er hatte trotz seiner fünfundzwanzig Jahre zuvor nur flüchtigen sexuellen Kontakt mit einer Prostituierten gehabt und eine Romanze mit Désirée Clary, der Tochter einer Lyoner Kaufmannsfamilie, der er jetzt abschwor.

Für Marie-Joseph-Rose de Beauharnais war dieses erste Nah-verhältnis mit Bonaparte nichts Besonderes. Die damals Drei-unddreißigjährige hatte bereits ein Leben reich an Erfahrungen, überraschenden Wendungen und schweren Schicksalsschlägen hinter sich.

Marie-Joseph-Rose Tascher de la Pagerie, wie sie mit ihrem Mädchennamen hieß, wurde am 23. Juni 1763 auf der Insel Martinique, einer französischen Kronkolonie in den Antillen, geboren. Ihre Eltern besaßen eine Zuckerrohrplantage mit etwa hundertfünfzig Sklaven, die von einem furchtbaren Wirbel-sturm verwüstet wurde, als das Mädchen drei Jahre alt war. Der Vater, ein Müßiggänger, der in den Tag hinein lebte, setzte sie nur notdürftig wieder instand, so dass die Familie im Vergleich zu anderen Plantagenbesitzern nicht gerade auf Rosen gebettet war. Die sanftmütige Rose spürte das nicht. Sie genoss inmitten der Naturschönheiten der Insel ihre Kindheit, war heiter und vergnügt, bis sie im Alter von zehn Jahren in eine Klosterschule geschickt wurde. Dort lehrte man sie vier Jahre lang das, was man für ein Mädchen ihres Standes damals für angemessen hielt: Lesen und Schreiben, Tanzen, gesellschaftliche Umgangsfor-men. Dann kehrte sie wieder auf die elterliche Besitzung zurück und träumte in ihrer Hängematte stundenlang von Paris und Versailles. Ihr Vater hatte ihr oft und oft von der prachtvollen Hauptstadt Frankreichs und dem herrlichen Schloss der Königs-familie erzählt, wo er einst als Page tätig gewesen war. Dort woll-te sie leben, nicht auf dieser zwar schönen, aber unbedeutenden Insel, und eine große Frau spielen.

Ihr Traum ging rascher in Erfüllung als sie dachte. Ihre Tante hielt in Frankreich Ausschau nach einem Bräutigam für sie. Als sie einen ausfindig gemacht hatte, drängte sie Roses Vater, seine Tochter raschest nach Europa zu schicken. Das Mädchen konn-te die Nachricht kaum fassen. Sie packte ihre Sachen zusammen und bestieg, vom Vater und einer Mulattin begleitet, ein Schiff, das nach stürmischer Überfahrt drei Monate später im Hafen von Brest vor Anker ging. Ihr Bräutigam, Alexandre Vicomte de Beauharnais, ein eleganter, gut aussehender Offizier, wartete dort bereits auf sie. Das war er also, der Mann, den man für sie ausgesucht hatte! Die kleine, sechzehnjährige Kreolin war von ihm sofort hellauf begeistert, während er seine Enttäuschung über ihre ein wenig zu rundliche Gestalt nicht verbergen konnte. Nach der Ankunft in Paris begannen sofort die Hochzeitsvorbereitungen. Die Trauung fand im Dezember 1779 statt. Rose war glücklich. Ihr Mann schenkte ihr die ersten Schmuckstücke, die sie mit Stolz trug. Das abwechslungsreiche Leben der Hauptstadt gefiel ihr.

Alexandre machte das Eheleben wenig Freude. Seine Frau war ihm zu ungebildet, sie hatte keinen gesellschaftlichen Schliff, sie konnte keine Konversation führen. Es fehlte ihr an allem, was sie später für die Männer so anziehend machte: ihre graziöse Anmut, ihre aufregende Sinnlichkeit, ihr schöner, schlanker Körper. Aber wie konnte er das von einer unausgereiften Sechzehnjährigen erwarten? Alexandre vergnügte sich mit faszinierenderen Damen, gab vor, seinen militärischen Verpflichtungen nachzukommen, während er sich auf Bällen, Soiréen und anderen gesellschaftlichen Veranstaltungen köstlich unterhielt. Es kam zu heftigen Wortgefechten und Eifersuchtsszenen. Die Geburt eines Sohnes, Eugéne, im September 1781 und einer Tochter, Hortense, zwei Jahre später schweißte das Ehepaar nicht zusammen. Die Ehe wurde von Tisch und Bett getrennt. Die ernüchterte, zutiefst verletzte Vicomtesse zog sich in ein Kloster zurück, das sie nach einem Jahr, innerlich und äußerlich verwandelt und gereift, wieder verließ. Der erste Abschnitt ihres Lebens war abgeschlossen, ein neuer begann.

Sie verließ Paris und lebte in den nächsten Jahren im Haus ihres Schwiegervaters in Fontainebleau. Die „kleine Amerikanerin", wie man sie gelegentlich nannte, wurde endgültig zur Französin, kostete die Freiheit aus, derer sie sich nun erfreute, fand vornehme Herren, die ihren Liebeshunger stillten und ihr über ihre ständigen Geldnöte hinweghalfen.

Im Juni 1788 entschloss sie sich plötzlich, Frankreich zu verlassen und mit ihrer fünfjährigen Tochter nach Martinique zu reisen. War Liebe im Spiel? Wollte sie ihre schwer kranke Mutter noch einmal sehen? Sie hat über ihre Beweggründe nie gesprochen. Als sie zwei Jahre später zurückkehrte, stand Frankreich am Beginn bedeutsamer politischer und gesellschaftlicher Veränderungen. Nach dem Sturm auf die Bastille, dem verhassten Staatsgefängnis, haben sich die Ereignisse überstürzt. Die Privilegien des Adels sind abgeschafft, die Feudallasten aufgehoben. Das Ansehen des Königshauses ist an einem Tiefpunkt angelangt. Eine Volksvertretung, in der ihr ehemaliger Gemahl eine bedeutende Rolle spielt, diskutiert den Entwurf einer Verfassung. In den Cafés, den literarischen Salons, den verschiedenen Clubs und in den Freimaurerlogen wird eifrig politisiert, gibt es hitzige Debatten, prallen die Meinungen heftig aufeinander.

Zwischen Rose und Alexandre Beauharnais kommt es zu einer Annäherung. Rose lernt durch ihn zahlreiche einflussreiche Männer kennen, unter anderen den Grafen Mirabeau und Charles-Maurice de Talleyrand. Sie nimmt lebhaften Anteil am revolutionären Geschehen, knüpft Beziehungen an, hat Liebschaften, passt sich den wechselnden Machtverhältnissen geschickt an. Als sich die Revolution radikalisiert und „ihre eigenen Kinder zu verschlingen" beginnt, wird der gemäßigte Alexandre ins Gefängnis geworfen. Rose setzt sich mutig für seine Freilassung ein und wird ebenfalls verhaftet.

Im Karmeliterkloster, das zu einer Strafanstalt umfunktioniert worden ist, begegnen sie einander wieder. Männer und Frauen sind dort – wie übrigens auch in den anderen Revolutionsgefängnissen – nicht voneinander getrennt. Sie können Besucher empfangen und werden nicht streng beaufsichtigt. Da die Insassen täglich damit rechnen müssen, hingerichtet zu werden, nutzen sie jede Minute, um sich zu vergnügen, das Leben noch bis zur Neige auszukosten. Liebesbande werden geknüpft. Rose verbindet eine zärtliche Freundschaft mit General Lazare Hoche.

Eines Tages wird Alexandre Beauharnais vor das Revolutionstribunal gestellt, abgeführt und hingerichtet. Rose ist verzweifelt. Wird auch sie das Schicksal ihres ehemaligen Gatten erleiden? Sie hat Glück. Die Schreckensherrschaft geht zu Ende, die

Gefängnisse leeren sich. Auch sie wird entlassen. Sie mietet eine Wohnung, setzt ihre Liebesaffäre mit Hoche fort, macht wieder Schulden, beteiligt sich an der hektischen Vergnügungssucht, die ausgebrochen ist, und findet bald Anschluss an die neuen Machthaber. Sie befreundet sich mit Madame Tallien, die nach dem Sturz Robespierres zur Frau der Stunde geworden ist, und liiert sich mit Paul Barras, der sie an Napoleon weiterreicht. Die Kreolin aus Martinique hat in Frankreich Liebesglück, Enttäuschungen, tiefste Schmach erlebt. Aber sie hat alles überlebt. Jetzt führt ihr Weg steil nach oben.

Der kleine Korse will die bezaubernde Frau, die ihm bei der ersten sexuellen Begegnung so viel Liebesglück beschert hat, auf der Stelle heiraten. Soll sie sich an einen Mann binden, der ihr wenig bedeutet, dessen heftige Gefühle sie als befremdend empfindet, der nicht vermögend ist, von dem sie nicht weiß, welche Zukunft er für sie bereithält? Nach längerer Überlegung gibt sie dann doch seinem leidenschaftlichen Drängen nach. Sie sichert jedoch ihre Ansprüche ab, bevor sie endgültig zustimmt. Sie will nur eine Ziviltrauung eingehen, die leicht wieder gelöst werden kann, sie besteht auf einer Rente, falls dem Gatten etwas zustößt, und in diesem Fall will sie auch ihren berühmten Namen wieder führen dürfen.

Napoleon Bonaparte fällt es nicht schwer, diese Bedingungen anzunehmen.

Als Heiratstermin war der Abend des 6. März 1796 vorgesehen. Pünktlich zur festgesetzten Stunde erschienen die Braut, ihre Trauzeugen, Paul Barras, Jean-Lambert Tallien und ein Jurist namens Camelet, im goldvertäfelten Salon eines barocken Palais im 2. Pariser Arrondissement, der als Trauungssaal diente. Rose Beauharnais trug ein Kleid aus weißem Musselin und eine schlichte Halskette, ein Hochzeitsgeschenk des Bräutigams.

Der aber ließ auf sich warten. Eine Stunde verging, eine zweite, eine dritte. Die Braut war der Verzweiflung nahe, die Trauzeugen waren eingenickt. Da war draußen plötzlich ein Säbelrasseln zu hören, die Tür wurde aufgestoßen und herein stürzte

Bonaparte, gefolgt von einem Adjutanten. Der Standesbeamte, ein Vertreter des Bürgermeisters, der gar nicht befugt war, eine Trauung vorzunehmen, rieb sich den Schlaf aus den Augen. Napoleon trat auf ihn zu und schrie ihn an: „Vorwärts, Monsieur, trauen Sie uns rasch." Schlaftrunken murmelte der so Angeherrschte den vorbereiteten Text herunter.

Auf der Heiratsurkunde stimmte dann einiges nicht. Um den Altersunterschied, der zwischen ihnen bestand, zu kaschieren, machte sich die Braut um vier, der Bräutigam um eineinhalb Jahre jünger. Als Geburtsort gab Napoleon nicht Ajaccio auf Korsika, sondern Paris an. Wen kümmerte es?

Rose Beauharnais war zu Joséphine Bonaparte geworden. Die Trauzeugen gingen ihrer Wege, die Neuvermählten stiegen in einen Zweispänner und fuhren zur Villa Joséphines in der Rue Chantereine.

Die Hochzeitsnacht begann mit einem kleinen Zwischenfall. Joséphines Liebling, ihr Mops Fortuné, wollte seinen angestammten Platz im Bett nicht freimachen. Als Napoleon ihn unsanft wegschubste, biss er den ungebetenen Gast ins Bein.

Die Flitterwochen dauerten nicht lange, denn schon am 11. März 1796 begab sich Bonaparte zu seinen Truppen nach Nizza. Die Regierung hatte ihm einige Tage vor seiner Vermählung das Kommando über die Italienarmee übertragen.

Kaum hat Napoleon Paris verlassen, schreibt er seiner angebeteten Frau den ersten Liebesbrief. Wo immer er in den nächsten Tagen, Wochen und Monaten Station macht, in einem schäbigen Gasthof oder in einem prunkvollen Palais, womit er auch beschäftigt ist, mit dem Kartenstudium oder der Ausarbeitung eines Schlachtplanes, er nutzt jede Minute, jede Gelegenheit, um seiner Göttin zu schreiben. Er bombardiert sie mit seinen Liebesergüssen, quält sie mit seiner Eifersucht, konfrontiert sie mit seinen wechselnden Stimmungen, die von Siegestrunkenheit bis zur tiefsten Niedergeschlagenheit reichen.

Napoleon eilt in Italien mit seinen Soldaten, deren Leben er teilt, die er durch seinen Mut und seine Tapferkeit zu Höchstleistungen anspornt, von Sieg zu Sieg. Er erweist sich durch seinen militärischen Weitblick und seine raschen Entschlüsse als umsichtiger Feldherr und blendender Stratege. Mit seinen Erfolgen im Italienfeldzug legt er 1796 die Grundlage für seinen sagenhaften Aufstieg zum mächtigsten Mann Europas.

Inmitten all dieser Triumphe ist sein Herz entflammt, denkt er stündlich an Joséphine. „Keinen Tag habe ich verbracht", schreibt er ihr, „ohne Dich zu lieben. Keine Nacht, ohne Dich in meine Arme zu schließen. Keine Tasse Tee habe ich getrunken, ohne dem Ruhm und dem Ehrgeiz zu fluchen, die mich zwingen, der Seele meines Lebens fern zu sein. Mitten unter meinen Geschäften, an der Spitze der Truppen ist einzig meine anbetungswürdige Joséphine in meinem Herzen … nimmt mein ganzes Denken in Beschlag." Er möchte, dass sie ihm nachreist, zu ihm kommt, er will sie um und bei sich haben.

Joséphine denkt keinen Augenblick daran, Paris zu verlassen, die Strapazen einer langen, beschwerlichen Reise auf sich zu nehmen. Sie hat Mühe, seine leidenschaftlichen, rasch hingeworfenen Zeilen in seiner schwer entzifferbaren Schrift zu lesen. Ihre Antworten fallen zu seinem Missvergnügen knapp und spärlich aus. Soll sich der Ehemann nach ihr verschmachten. Es rührt sie nicht. Sie heimst zwar den Ruhm ein, den die militärischen Erfolge ihres Mannes in der Pariser Gesellschaft auch ihr bescheren, aber sie geht im übrigen, wie sie es gewöhnt ist, ihren Vergnügungen nach. Neuerdings hat sie sich in einen jungen, eleganten Husarenoffizier verliebt. Hippolyte Charles hat Humor, versteht es, sie zu unterhalten, zum Lachen zu bringen. Er liebt sie mit jugendlicher Unbekümmertheit, sie genießt seine Nähe.

Und dieses vergnügliche Leben soll sie aufgeben, eintauschen gegen Unbequemlichkeiten aller Art, nur, um mit ihrem ungestümen Ehemann ein paar Stunden, ein paar Nächte beisammen zu sein? Napoleon denkt ja doch in erster Linie an seine Soldaten, seine Armee, seinen eigenen Ruhm.

Die Briefe des gehörnten Gatten werden ungeduldiger, drängender, drohender. „Du wirst kommen, nicht wahr? Du wirst bei mir sein, auf meinem Herzen, in meinen Armen, auf meinen

Lippen … Ein Kuss auf Dein Herz, und dann noch einen ein wenig tiefer, sehr v i e l t i e f e r", schreibt er ihr. Joséphine lässt sich nicht erweichen. Sie sei unpässlich, teilt sie ihm mit und schützt als letzte Ausflucht sogar eine Schwangerschaft vor. Die Ärzte hätten ihr dringend von einer so langen Reise abgeraten. Sogleich wird der Ton seiner Briefe milder, der Vater in spe ist besorgt. Wenn sie nicht kommen könne, werde er um Urlaub bitten, die Armee verlassen und nach Paris eilen, lässt er sie wissen. Das freilich wollen und können die Machthaber in der Hauptstadt unter keinen Umständen zulassen. Sie brauchen militärische Siege, außenpolitische Erfolge. Barras und Tallien, Mitglieder des fünfköpfigen Direktoriums, das an der Spitze Frankreichs steht, befehlen ihr, nach Italien zu reisen, und Madame Bonaparte muss sich fügen, da hilft kein Weinen und Wehklagen.

Sie reist nicht allein. In der Reisegesellschaft, die sie begleitet, befindet sich zu ihrem Seelentrost auch ihr Liebhaber.

Bonaparte jubelt, als er erfährt, dass sie kommt. Aber er muss sich noch ein wenig gedulden. Sie lässt langsam kutschieren. Sie hat Zeit. Erst achtzehn Tage nach ihrer Abreise von Paris kann der Feldherr seine Frau vor den Toren Mailands in die Arme schließen. In einem mit sechs Pferden bespannten Wagen zieht er mit Joséphine in die Hauptstadt der Lombardei ein, wo im Palazzo Strebelloni ein luxuriöses Quartier auf sie wartet.

Zwei Tage des Zusammenseins sind dem Ehepaar gegönnt. Dann muss Napoleon wieder zu seinen Truppen eilen. In seiner Abwesenheit organisiert die Gattin in Mailand rauschende Feste und nimmt wie eine regierende Königin von allen möglichen Würdenträgern Huldigungen und Geschenke entgegen, Halsbänder, Perlketten, antike Kameen.

Der General schlägt unterdessen eine Schlacht nach der anderen und schreibt ihr wieder leidenschaftliche Briefe. „Wie glücklich wäre ich", träumt er, „könnte ich Dir beim Entkleiden helfen, die kleine feste weiße Brust, das allerliebste Gesicht, das Haar hochgebunden mit einem Schal à la créole. Du weißt, dass ich die kleinen Visiten niemals vergesse, Du weißt, den kleinen

Schwarzwald … Ich küsse ihn tausendmal und warte ungeduldig auf den Moment, wenn ich darin sein werde. In Joséphine zu lesen ist im Elysium sein …"

Als der vielfache Sieger über die österreichische Armee Ende November 1796 nach Mailand zurückkehrt und zum Schlafzimmer im Palazzo Strebelloni hinauf eilt, findet er es leer. Joséphine ist nach Genua gereist und vergnügt sich mit Hippolyte (was der Gatte natürlich nicht weiß). Ein paar Tage später ist sie wieder da, spielt das Unschuldslamm und biegt im Bett alles zurecht. Aber Napoleons Argwohn ist geweckt. Er wird ihr in Zukunft nicht mehr so leicht vertrauen, sein Herz nicht mehr bedingungslos an das ihre ketten.

Auch das Jahr 1797 verbringen Napoleon Bonaparte und Joséphine in Italien. Dem Feldherrn bleibt das Kriegsglück treu. Nach der Einnahme der Festung Mantua stößt er mit seinen Truppen auf österreichisches Gebiet vor und schließt mit dem Habsburgerreich einen Vorfrieden, ohne die Machthaber in Paris zu konsultieren. Diese eigenmächtige Handlung löst in Frankreich Verstimmung aus. Napoleon kümmert sich nicht darum, setzt eine selbstherrliche Tat nach der anderen. Er nimmt dem Dogen seine Machtstellung, zwingt dem Papst seinen Willen auf und gestaltet die Landkarte Italiens neu. Dann gönnt er sich bis zum endgültigen Friedensschluss mit dem Haus Habsburg eine Ruhepause und verbringt den Großteil des Sommers im Barockschloss Mombello vor den Toren von Mailand.

Er genießt jetzt zum erstenmal das Eheleben auf längere Zeit und demonstriert seine mangelnden Manieren. Ungeniert küsst er Joséphine vor seinen Gästen, greift ihr an den Busen. Die Bonapartes geben sich den Anschein eines jung verliebten Paares. Hat sich Joséphines Einstellung gegenüber dem Gatten gewandelt? Liebt sie ihn plötzlich? Keineswegs. Sie spielt ihr Spielchen mit ihm weiter, betrügt ihn hinter seinem Rücken mit Hippolyte, der nicht nur mit ihr ins Bett steigt, sondern sogar die Offiziersleiter hinaufklettert: Napoleon befördert ihn zum Hauptmann.

Bonaparte hält in Mombello Hof, spielt sich wie ein Souverän auf. Der General legt zwischen sich und seinen Offizieren einen Graben der Distanz, speist allein, besteht auf der Einhaltung strenger Etiketteregeln.

Joséphine macht an seiner Seite eine ausgesprochen gute Figur. Im Gegensatz zu ihrem Mann besitzt sie eine angeborene Gabe für Anstand und Würde. Sie setzt instinktsicher ihren unwiderstehlichen Charme ein, ist höflich und zuvorkommend. Die vielen Gäste, die nach Mombello kommen, die italienischen Fürsten, die päpstlichen Emissäre, die Botschafter und Diplomaten, die Landsleute aus der Heimat sind von ihr beeindruckt. Nur Laetitia, die Mutter Napoleons, die auf Einladung des Sohnes mit zweien ihrer Töchter in die prunkvolle Residenz gekommen ist, kann sie nicht für sich gewinnen. Die Schwiegermutter bleibt zurückhaltend und reserviert.

Im Oktober übersiedelt Napoleon mit Joséphine nach Passeriano bei Udine. In der ehemaligen Sommerresidenz der Päpste führt er die Friedensgespräche mit den Österreichern zu Ende. Er ist bis tief in die Nacht hinein mit den Verhandlungen beschäftigt. Die Gattin ist viel allein Sie langweilt sich entsetzlich, denn auch Hippolyte ist nicht da. Er ist in Mailand geblieben und vergnügt sich dort mit anderen Frauen.

Nach Unterzeichnung des Friedensvertrages von Campo Formio kehrt das Ehepaar Bonaparte Anfang November nach Mailand zurück. Zwei Wochen später bricht Napoleon nach Frankreich auf. Joséphine kommt nicht mit. Erstaunlich, wie sie immer wieder ihren Willen durchsetzt. Sie stattet der Republik Venedig einen Besuch ab, wo die Frau des siegreichen Generals triumphal empfangen wird. Feste werden zu ihren Ehren veranstaltet, Feuerwerke abgebrannt. Sie steht überall, wo sie auftaucht, im Mittelpunkt, und überall hin wird sie vom Adjutanten des Gemahls und von einem jungen Offizier begleitet, bei dem es sich um niemand anderen als Hippolyte handelt. Diese Unvorsichtigkeit soll sich rächen. Eines Tages ergeht an den Hauptmann der Befehl, unverzüglich nach Paris zurückzukommen. Napoleon scheint zu ahnen, dass Hippolyte auch im Bett seiner Gattin eine Hauptmannsrolle spielt.

Joséphine, die bei Bonapartes Abreise versprochen hat, bald nachzukommen, lässt sich Zeit. Sie wird in den Städten, die auf ihrer Reiseroute liegen, mit Fackelzügen empfangen. Auf der letzten Wegstrecke gesellt sich auch Hippolyte wieder zu ihr, mit dem sie in trauter Eintracht den Silvesterabend dieses Jahres feiert. Am 2. Januar 1798 trifft sie endlich in der Rue Chantereine ein.

Der Gatte begrüßt sie frostig. Es ärgert ihn, dass sie ohne sein Wissen Auftrag gegeben hat, das Haus in der Rue de la Victoire, wie die Straße jetzt heißt, um teures Geld völlig neu zu möblieren, und jetzt ist sie auch noch ein paar Wochen verspätet zurückgekehrt. Seine Vorwürfe versickern allerdings in ihren liebevollen Umarmungen.

Wenige Tage danach gibt der neue französische Außenminister, Graf Charles-Maurice Talleyrand, im Hôtel Gallitet, seiner offiziellen Residenz, zu Ehren des Generals einen Ball. Napoleon und seine bezaubernde Gattin treten bei diesem Anlass wie ein Herrscherpaar auf, die geladenen Gäste bringen ihnen respektvolle Verehrung entgegen. Ahnen sie die zukünftige Rolle dieses Paares in der französischen Geschichte?

Napoleon genießt nach seinem militärischen Triumph in Italien in Frankreich so große Popularität, daß das fünfköpfige Direktorium ihn zu fürchten beginnt. Er vermeidet daher große Auftritte, geht in Zivil aus, gibt sich bescheiden und umgibt sich zuhause mit Gelehrten. Wenn man ihm im Theater zuapplaudiert, zieht er sich tiefer in seine Loge zurück. Er will auf keinen Fall den Eindruck erwecken, ein politisches Ziel zu verfolgen. Aber die Untätigkeit behagt ihm auch nicht. Ruhm ist vergänglich. Er sucht nach einer neuen Betätigung, nach neuen Aufgaben.

Das Direktorium lässt sich nicht lange bitten. Es überträgt ihm den Oberbefehl über die Invasionsarmee, die England erobern soll. Der General unternimmt Inspektionsreisen zum Ärmelkanal.

Während seiner Abwesenheit führt Joséphine ihr gewohntes Leben weiter, besucht mit Hippolyte das Theater und verschafft ihm Einkünfte als Heereslieferant, wobei auch für sie ein nettes Sümmchen abfällt.

Bei der Rückkehr nach Paris macht eine ehemalige Zofe Joséphines den General auf die Untreue seiner Frau aufmerksam. Vom Gemahl zur Rede gestellt, flüchtet sich die Ehebrecherin in Tränen und beschwört ihre Treue.

Unterdessen hat sich der Invasionsplan als undurchführbar herausgestellt. Die französische Flotte ist dafür zu schwach. Bonaparte schlägt statt dessen eine Expedition nach Ägypten vor, um dem englischen Überseehandel einen Schlag zu versetzen. Es ist im Grunde eine verrückte Idee, aber das Direktorium stimmt zu. Wenn Napoleon außer Landes ist, droht von ihm keine innenpolitische Gefahr.

Die Vorbereitungen für das neu erdachte Unternehmen werden mit Hochdruck begonnen und zügig vorangetrieben. Am 4. Mai 1799 bricht Bonaparte mit Joséphine nach Süden auf. Die Gattin möchte in Ägypten unbedingt an seiner Seite sein. Als die Flotte dann von Toulon aus in See sticht, kommt sie doch nicht mit. Joséphine fühlt sich nicht wohl, braucht Erholung. Sie unterzieht sich in einem Badeort in den Vogesen einer Kur und kehrt dann nach Paris zurück. Mittlerweile sind die militärischen Operationen im fernen Afrika voll im Gang. Napoleon hat in der Nähe der Pyramiden eine erfolgreiche Schlacht geschlagen, aber die französische Flotte ist bei Abukir von den Engländern vernichtet worden. Die Armee und ihr Oberbefehlshaber sind in einer misslichen Lage. Werden sie je wieder nach Frankreich zurückkehren können? Aber was noch schlimmer ist: General Junot hat Napoleon über die Untreue seiner Frau informiert. Jetzt ist die Katze endgültig aus dem Sack. Der Verdacht, den er gehegt hat, hat sich bestätigt. Denn Junot ist ein sicherer Gewährsmann.

Der Feldherr ist außer sich. „Ich lasse mich scheiden", schreit er. „Ja, ich werde eine aufsehenerregende öffentliche Scheidung verlangen. Ich will nicht zum Gespött von ganz Paris werden. Ich werde Joseph schreiben, damit er die Scheidung veranlasst."

Das tut er dann doch nicht. Aber er gestattet dem Bruder einen Blick in sein wundes Herz und ersucht ihn, ein Landhaus zu kaufen, in das er sich nach seiner Rückkehr zurückziehen will.

Der Brief erreicht Joseph nicht. Er wird von den Engländern abgefangen und von einer Zeitung veröffentlicht. Auszüge daraus gelangen an die französische Öffentlichkeit.

Joséphine, die sich mittlerweile um geborgtes Geld das Landgut Malmaison, sechs Meilen von Paris entfernt, gekauft hat, wo Hippolyte wieder ein und aus geht, ist vorgewarnt. Wenn der Gatte zurückkehrt, wird es einen ordentlichen Krach geben.

Napoleon Bonaparte ist entschlossen, nicht länger die Rolle des treuen Ehemannes zu spielen. Was seine Frau kann, das kann er auch. Nichts ist leichter als das. Schon gar in seiner Position. Er veranstaltet ein Fest, bei dem ägyptische Bauchtänzerinnen ihre Künste zeigen. Aber es ist keine darunter, die ihn anspricht. Er findet sie zu dick und uncharmant. Da wird er eines Tages auf eine junge Französin aufmerksam, eine Offiziersgattin, die mit ihrem Mann als Soldat verkleidet und unbefugterweise nach Ägypten mitgekommen ist. Napoleon gefällt sie auf den ersten Blick. Sie heißt Pauline Fourès und ist außerordentlich hübsch. Pauline hat eine reizende Figur, einen wohlgeformten, weichen Mund in einem aparten Gesicht und üppiges blondes Haar. Mit dieser Frau, dazu ist der Eroberer fest entschlossen, wird er sein erstes ehebrecherisches Verhältnis eingehen.

Napoleon geht dabei methodisch vor, er plant alles wie vor einer Schlacht. Zunächst lädt der Garnisonskommandant von Kairo die Landsmännin auftragsgemäß zu einer kleinen Abendgesellschaft ein, von der der Gatte wie zufällig ausgeschlossen bleibt. Dort kommt es zwischen Bonaparte und dem zierlichen Persönchen zu einer ersten Kontaktnahme. Dann wird der Marineoffizier Fourès von seinem militärischen Vorgesetzten mit einer verantwortungsvollen Mission, dem Kurierdienst nach Paris, betraut. In seiner Abwesenheit intensiviert der Oberkom-

Joséphine, Kaiserin der Franzosen, Gemälde von Pierre Paul Prud'Hon

mandierende den Kontakt mit seiner Favoritin und lädt sie ein, in sein Quartier zu übersiedeln. Das kluge Paulinchen erhebt dagegen keinen Einwand. Das alles klappt vollkommen nach Plan. Da ereignet sich ein kleiner, unbequemer Zwischenfall. Der Kutter, auf dem sich Fourès befindet, wird von einem englischen Kreuzer gekapert, Monsieur Fourès ohne das Depeschenbündel mit den Geheimakten nach Kairo zurückbefördert. Er eilt zu seinem Quartier, um seine Frau in die Arme zu schließen. Sie ist nicht da. Auf seine Frage, wo sie sich aufhält, weisen ihm die Kameraden den Weg in den Palast des Bey, wo Napoleon seine Zelte aufgeschlagen hat. Mutig dringt er dort bis in die Gemächer seiner Gattin vor, wird von ihr unfreundlich abgewiesen und, da er Radau schlägt, abgeschoben.

Pauline fühlt sich im Palast mit seinen orientalischen Annehmlichkeiten ausgesprochen wohl. Napoleon bringt ihr große Aufmerksamkeit entgegen und ist ein zärtlicher Liebhaber. Er zeigt sich mit ihr in einem Zweispänner häufig in den Straßen von Kairo. Die aparte Französin ist bei den Soldaten beliebt. „Vive Clioupâtre" (Hoch Kleopatra) jubeln sie ihr zu.

Pauline genießt ihre Position, Napoleon ihre Liebe. Er hätte gern mit ihr ein Kind gezeugt, um Joséphine zu beweisen, dass ihre Unfruchtbarkeit nicht seine Schuld ist. Als Pauline ihm diesen Wunsch nicht erfüllen kann, trennt er sich von ihr. Er schickt seiner „Kleopatra vom Nil" später immer wieder Geld und arrangiert eine einträgliche Heirat für sie. Ansonsten bleibt diese Affäre eine vergnügliche Episode in seinem Liebesleben.

Im Juli 1799 ist Napoleons orientalischer Eroberungstraum ausgeträumt. Aus Frankreich kommen – amtlich wie privat – schlechte Nachrichten. England, Österreich und Russland haben den 2. Koalitionskrieg gegen das revolutionäre Frankreich begonnen, die Franzosen haben Italien geräumt, das Vaterland ist in Gefahr. Joséphine treibt weiter das Leben einer munteren Ehebrecherin. Napoleon muss unbedingt zurück. Er muss seine politische Chance nutzen und eine private Rechnung begleichen.

Der Heerführer lässt seine Armee im Stich und verlässt am 23. August das Land der Pyramiden. Er hat unwahrscheinliches Glück. Seine Fregatte entgeht den englischen Patrouilleschiffen im Mittelmeer, am 9. Oktober landet der General im südfranzösischen Fréjus.

Joséphine ist im Haus des Direktoriumsmitglieds Louis-Jérôme Gohier zu Gast, als die Nachricht von der Rückkehr ihres Mannes eintrifft. Unverzüglich lässt sie alles liegen und stehen, eilt nach Hause, packt ein paar Kleider ein, lässt die schnellsten Pferde anspannen und macht sich auf den Weg nach Süden. Sie muss ihren Ehemann treffen, ihn sprechen, bevor er mit seinen Familienangehörigen zusammenkommt. Diese intrigante Bande wird ihm Flöhe ins Ohr setzen und ihn gegen sie aufhetzen. Aber sie verfehlt ihn. Als sie in Lyon ankommt, hat der General, dem auf seinem Weg nach Norden allerorts Jubel und Begeisterung entgegenschlagen, die Stadt auf einer anderen Route bereits verlassen. Und so steht der Rückkehrer wieder einmal vor einem leeren Nest, als er am 12. Oktober 1799 spätabends in der Rue de la Victoire anlangt. Napoleon tobt wie von Sinnen, lässt die Garderobe, die Wertsachen und die übrigen Habseligkeiten seiner treulosen Gemahlin in Koffer packen und in der Eingangshalle abstellen. Er will Joséphine nicht mehr sehen, er will sich von ihr scheiden lassen. Ein paar Gutgesinnte raten ihm von diesem Schritt ab. Er würde sich lächerlich machen, seinem Ruf schaden.

Joséphine merkt sofort, was ihr bevorsteht, als sie vierundzwanzig Stunden später in ihr Haus zurückkommt. Eilends hastet sie an den Koffern vorbei und keucht die Treppen hinauf. Die Tür zu Bonapartes Räumen ist versperrt. Joséphine bittet um Einlass. Die Tür bleibt zu. Sie trommelt mit den Fäusten dagegen, weint, fleht um Vergebung. Stundenlang lässt sie alle Register ihrer Verlockungskunst spielen. Der Gatte blieb ungerührt. Endlich wird die Tür geöffnet und er steht vor ihr mit vor Zorn gerötetem Gesicht. Er gibt den Weg frei, sie tritt ein. Es gibt eine lautstarke Szene, die im ganzen Haus zu hören ist. Dann legt die verführerische Kreolin ihre Kleider ab und schlüpft zu ihrem

Gatten ins Bett. Am nächsten Tag ist ihre private Welt im Lot. Sie hat es wieder einmal geschafft. Napoleon ist ausgesöhnt.

In den nächsten drei Wochen geben sich in der Rue de la Victoire die Besucher die Türklinke in die Hand. Das Direktorium hat abgewirtschaftet. Frankreich steckt in einer schweren politischen und wirtschaftlichen Krise. Ein Staatsstreich liegt in der Luft. Komplotte werden geschmiedet, Ränke gesponnen, Verschwörungen angezettelt. Napoleon hält sich geschickt zurück. Joséphine lässt ihre Beziehungen spielen, spinnt ihre Fäden. Als die Situation reif zum Zupacken ist, greift der General ein. Napoleon Bonaparte ist das Genie der raschen Entscheidung im richtigen Augenblick. Am 9. November 1799 jagt er mit militärischer Gewalt die gesetzgebende Körperschaft auseinander, das Direktorium wird aufgelöst. An die Spitze des Staates treten drei Konsuln. Napoleon ist der Erste von ihnen und der Mächtigste. Er hat noch nicht die ganze Macht in Händen, aber es ist nur eine Frage der Zeit, wann das der Fall sein wird. 1802 läßt er sich vom Volk das Konsulat auf Lebenszeit übertragen, 1804 greift er nach der Kaiserkrone.

Der politische Aufstieg ihres Mannes veränderte das Leben Joséphines grundlegend. Sie erkannte jetzt, dass Napoleon ein ungewöhnlicher Mensch war, mit ungewöhnlichen Eigenschaften und Begabungen. Sie passte sich seinen Launen an, ging auf seine Vorschläge ein, erfüllte seine Wünsche, fügte sich seinen Anordnungen. Aus der Femme fatale, der Männerverführerin, wurde eine verständnisvolle, zärtliche Ehefrau. Ehebruch kam für sie nun nicht mehr in Frage, sie legte sich keine Liebhaber mehr zu.

Schon am Morgen nach dem Staatsstreich des 9. November zogen die Bonapartes aus dem Haus in der Rue de la Victoire aus und übersiedelten in das Palais Luxembourg. Joséphine fühlte sich in den düsteren Räumen des alten Gebäudes nicht sonderlich wohl. Dazu kam, dass ihr der Erste Konsul vorschrieb, welche Personen sie empfangen durfte und welche nicht, und ihr sogar die Tageseinteilung aufnötigte. Joséphine musste ihre früheren Freundschaften aufgeben, auf den alten Bekanntenkreis verzichten. Sie zeigte sich wenig in der Öffentlichkeit und übte äußerste Zurückhaltung. Der Herr Gemahl wollte es so, und sie fügte sich. Auf Schloss Malmaison, wo sich das Ehepaar oft und gerne aufhielt – es war von Paris aus in einer knappen Stunde bequem zu erreichen –, demonstrierten die beiden republikanische Schlichtheit und traute Bürgerlichkeit. Sie unternahmen Spaziergänge im baumbestandenen, weitläufigen Park, veranstalteten Gartenfeste und Theateraufführungen. Beide genossen das Landleben. Der Erste Konsul arbeitete im Sommer in einem Zelt im Freien, in dem ein Schreibtisch positioniert war, Joséphine zog in den Gewächshäusern jede Menge Blumen, in den Ställen standen Pferde und andere Haustiere.

Vom Palais Luxembourg übersiedelten die Bonapartes nach kurzer Zeit in die Tuilerien, in das Schloss der Bourbonenkönige, das seit 1792 leerstand. Napoleon bezog die ehemaligen Appartements Ludwigs XVI. in der Beletage, Joséphine bewohnte die Räume Marie Antoinettes im Erdgeschoß. Während ihm das historische Ambiente, in dem er sich bewegte, durchaus Vergnügen bereitete, konnte sie ihrem neuen Domizil absolut nichts abgewinnen. „Hier werde ich niemals glücklich sein", sagte sie zu ihrer Tochter, die mit ihr die Räume besichtigte.

Sie war es dann doch. Der Gemahl kam des öfteren tagsüber aus seinem Arbeitszimmer zu ihr herunter. Er hatte das Bedürfnis, in ihrer Nähe zu sein. Ihre erotische Ausstrahlungskraft auf ihn war ungebrochen. Noch machte es ihm nichts aus, dass sie ihm keine Nachkommen schenken konnte. Oder war er zeugungsunfähig?

Im Frühjahr des Jahres 1800 nahm Bonaparte Abschied von seiner Frau und begab sich auf den italienischen Kriegsschauplatz, wo er den Österreichern bei Marengo eine Niederlage zufügte. Er sandte Joséphine mit jedem Kurier, der nach Paris abging, Briefe, in denen er der Hoffnung Ausdruck gab, sie bald wieder in seine Arme schließen zu können. Das ging jedoch nicht so schnell, wie er es sich vorstellte. Er kehrte erst am 2. Juli morgens in die Tuilerien zurück und legte sich, von der langen Reise völlig erschöpft, sogleich zu Bett. Nach dem Aufstehen war er mürrisch und abweisend, wie Joséphine zu ihrer Überraschung feststellen musste. Plagte ihn sein Gewissen?

Der Erste Konsul hatte nicht nur eine Schlacht gewonnen, die er schon verloren geglaubt hatte, er hatte auch ein Liebesabenteuer hinter sich, und zwar mit der berühmten italienischen Sängerin Giuseppina Grassini. Er war ihr schon bei seinem ersten Italienfeldzug begegnet. Sie hatte sich damals an ihn herangemacht, aber er hatte ihre Annäherungsversuche zurückgewiesen. Jetzt hörte er sie in Mailand wieder singen. Und diesmal gefiel ihm nicht nur ihre wunderbare Stimme. Als ihm eines Nachts Marschall Berthier eine dringende Nachricht über die militärische Situation überbrachte, überraschte er den Armeeoberbefehlshaber mit der Diva zärtlich umschlungen im Bett.

Kurz nach Napoleons Rückkehr in die Stadt an der Seine kam die Grassini nach Paris und errang sowohl in der Oper wie bei ihren Konzertauftritten sensationelle Erfolge.

Das Techtelmechtel ging weiter, Napoleon behandelte Joséphine weiterhin kühl. Sie konnte sich sein Verhalten nicht erklären, bis sie schließlich herausfand, was dahinter steckte. Es gab eine unerfreuliche häusliche Szene, bei der sie den kürzeren zog. Sie, die ihren Gatten so oft betrogen hatte, konnte ihm nun schwer wegen desselben Vergehens einen plausiblen Vorwurf machen. Joséphine musste zur Kenntnis nehmen, und sie tat es auch, dass sich in ihrer Ehe so manches geändert hatte. Napoleon liebte sie noch, aber lange nicht mehr so leidenschaftlich wie zu Beginn ihrer Beziehung. Sie spielte in seinem Leben jetzt eine andere Rolle.

Nachdem der Erste Konsul durch einen Volksentscheid zum Konsul auf Lebenszeit mit dem Recht auf erbliche Nachfolge gewählt worden war, nahm er mehr und mehr die Allüren eines Herrschers an und übertrug ihr die Aufgabe, das Land zu repräsentieren. Im Schloß St.-Cloud, wohin das Paar nun übersiedelte, erschien sie bei öffentlichen Empfängen an seiner Seite, gab Diners und Audienzen. Sie entledigte sich ihrer Aufgabe mit

Anmut und dem Takt, der ihr angeboren war. „Ihre ausgesuchte Höflichkeit, ihr Gespür für das richtige Wort und die richtige Geste sowie ihre unwiderstehliche Anziehungskraft überzeugten uns alle, dass sie für diese Rolle geboren sein könnte, wäre sie ihr nicht vom Glück geschenkt worden", urteilte Claude François de Menéval, der Sekretär Napoleons. Ausländische Beobachter waren derselben Meinung.

In St.-Cloud hatten die Bonapartes getrennte Schlafzimmer. „Wir waren ein sehr bürgerliches Paar, zärtlich und einander verbunden, und teilten ein Schlafzimmer und ein Bett", erinnerte sich der Exil-Kaiser auf St. Helena. „Solange diese Gewohnheit bestand, entging Joséphine kein Gedanke, keine Regung von mir. Sie glaubte, sie wisse alles, was für mich unangenehm war … Ich beschloss, mich nicht mehr unter dieses Joch zu begeben."

Der Konsul auf Lebenszeit scherte sich nicht weiter um das eheliche Eifersuchtsjoch und widmete sich mit Eifer außerehelicher sexueller Betätigung, wobei er in diesen Jahren Damen aus der Schauspielbranche den Vorzug gab.

In der Welt des Theaters, in der er sich keineswegs heimisch fühlte, interessierte ihn vor allem die Tragödie. Folgerichtig galt seine Vorliebe denn auch Tragödinnen. Er vermied es jedoch, diese Intimbeziehung zur Tragödie werden zu lassen.

Aus seiner „Schauspielerinnenzeit" sind uns ein paar Namen seiner Favoritinnen überliefert. Mit einer von ihnen, einer gewissen Mademoiselle Duchesnois, die an der Comédie Française brillierte, ging Napoleon nicht gerade zartfühlend um. Er ließ sie einmal in dem Raum neben seinem Arbeitszimmer, der für seine (kurzen) Liebesabenteuer entsprechend eingerichtet war, stundenlang ausgezogen warten und überlegte es sich dann doch anders. Die Liaison mit dieser Dame war nur von kurzer Dauer. Eine andere Affäre hatte vom Zeitaufwand und von der Gefühlsintensität her gesehen eine andere Dimension. Die kleine Tragödin, mit der er sich nun ab und zu seinen Arbeitsalltag verschönerte, war mit ihrer wunderbaren Figur und ihren ebenmäßigen Gesichtszügen eine klassische Schönheit.

Marguerite Joséphine Weimar war die Tochter eines Schauspielerehepaars. Sie führte den Künstlernamen George. „Giorgina", wie sie Napoleon nannte, kam im Alter von sechzehn Jahren an die Comédie Française, wo sie mit ihrem natürlichen Schauspieltalent rasch Karriere machte. Sie war erst siebzehn und, wie sie in ihren Memoiren versichert, noch unberührt, als das Auge des Konsuls auf sie fiel.

Sie bemerkte es natürlich nicht. Eines Tages, als sie nach der Vorstellung aus dem Theater kam, sah sie sich dann einem livrierten Herrn gegenüber, der ihr formvollendet ein Schreiben überreichte. Sie öffnete es, überflog es hastig und errötete. Napoleon Bonaparte, der mächtigste Mann Frankreichs, teilte ihr mit, er habe am Vormittag das Theater besucht. Ihr Spiel habe ihn so beeindruckt, dass er das Verlangen in sich spürte, ihr persönlich dazu zu gratulieren. Sie möge ihn am nächsten Tag um acht Uhr abends in St.-Cloud besuchen. Er werde sie abholen lassen.

Napoleon stürzte mit diesen Zeilen das kleine, unschuldige Geschöpf in eine Verwirrung der Gefühle. Sollte sie die Einladung annehmen oder sie abschlagen? Trotz ihrer Jugend wusste sie natürlich, was sowohl das eine wie das andere für sie bedeutete. Eine Absage würde ihr beruflich sehr schaden, eine Zusage könnte sie in Verruf bringen, würde aber jedenfalls den Neid der Kolleginnen heraufbeschwören.

Giorgina suchte bei verschiedenen Personen Rat, die alle den Standpunkt vertraten, dass es töricht wäre, Napoleon abzuweisen. Diese Ansicht machte sie sich zu eigen, hüllte sich in ihre besten Gewänder und wartete zur verabredeten Zeit auf die herrschaftliche Kutsche. Louis Constant, der Erste Kammerdiener Napoleons, fuhr pünktlich vor, und dann ging es im Galopp St.-Cloud zu. Sogleich nach der Ankunft geleitete sie der diskrete Bedienstete, der das absolute Vertrauen seines Herrn genoss, in die Privatgemächer des Konsuls. Sie wurden von einem Mamelucken, den Napoleon aus Ägypten mitgebracht hatte, abgeschirmt.

Die Schauspielerin wurde in einen großen, prunkvoll ausgestatteten Raum geführt, der hell erleuchtet war. Sie hatte sich kaum ein wenig darin umgesehen, als sich ihr bereits der Hausherr mit einem bezaubernden Lächeln näherte. Sie musterte ihn kurz. Er richtete ein paar freundliche Worte an sie und ersuchte sie dann, ihm ihr bisheriges Leben zu schildern. Das Gespräch, das sich daraus ergab, dauerte bis in die Morgenstunden. Napoleon warb um die junge Frau mit dem Nimbus des berühmten Heerführers und der Kraft seiner starken Persönlichkeit. Zu ihrer Überraschung machte er nicht den Versuch, ihr seinen Willen aufzuzwingen. Am nächsten Abend erschien sie wieder, und auch diesmal kam es, wenn man ihren Erinnerungen glauben darf, zu keinem intimen Kontakt. Erst beim dritten Zusammentreffen erlag sie seiner Verführungskunst. „Er entkleidete mich ganz langsam", erinnerte sie sich noch nach vielen Jahren genüsslich der Szene. „Er spielte mit so viel Anmut und guter Form die Zofe, dass man nachgeben musste, ob man wollte oder nicht. Wie sollte ein solcher Mann einen nicht bezaubern? Er wurde mir zu Gefallen jung und kindisch. Er war nicht mehr der Konsul; er war vielleicht ein verliebter Mann, aber ein Mann, dessen Verliebtheit ohne Heftigkeit und Härte war: Er umarmte mich liebevoll, und seine Worte waren zärtlich und nie ohne Scham." Am Morgen nach der Liebesnacht half er ihr beim Anziehen, streifte ihr die Strümpfe über und ließ ihr, da ihn die Verschlüsse an den Strumpfbändern ungeduldig machten, runde Strumpfbänder anfertigen, die man über die Beine streifen konnte.

Nicht allen Frauen gegenüber benahm sich der herrische Welteroberer so galant. Er demütigte sie, stellte sie bloß, benutzte sie für einen kurzen Augenblick zur Befriedigung seiner sexuellen Gelüste. Für die Liebe nahm sich der rasch Entschlossene nicht viel Zeit. Er hatte es immer eilig. „Die Frauen sind unser Eigentum. Sie sind unser Besitz, wie ein Baum, der Früchte trägt, der Besitz des Gärtners ist", fasste er seine Meinung über das andere Geschlecht epigrammatisch zusammen. Den Gedanken einer gesellschaftlichen Gleichstellung wies er weit von sich.

Die Affäre mit der temperamentvollen Giorgina, die sich mit Unterbrechungen über Jahre hinzog, blieb der Gattin natürlich nicht verborgen. Sie konnte sich mit den Seitensprüngen ihres Mannes nicht abfinden, sie begehrte dagegen auf. Aber es blieb ihr nichts anderes übrig, als sie hinzunehmen.

Ein Kind hätte ihn wieder fest an sie binden können. Aber Mutter konnte sie offenbar nicht mehr werden. Die vielen Kuren, denen sie sich unterzog, halfen nichts. Und so schwebte ständig das Damoklesschwert der Scheidung über ihrem Haupt. Denn Napoleon Bonaparte brauchte einen männlichen Nachkommen, um seine Herrschaft zu sichern.

Am 18. Mai 1804 werden in Paris aus Hunderten Kanonenrohren Salutschüsse abgefeuert. Napoleon Bonaparte ist durch Senatsbeschluss zum Kaiser der Franzosen erhoben worden. Er betrachtet es als Selbstverständlichkeit, nunmehr mit „Kaiser" angesprochen zu werden. Joséphine, die kleine Kreolin aus Martinique, ist jetzt eine „Kaiserliche Hoheit". Sie muss sich an diese Anrede erst gewöhnen.

Napoleons Brüder und Schwestern schäumen vor Wut. Sie können die „Beauharnais" nicht ausstehen, intrigieren bei jeder Gelegenheit gegen sie, bedrängen das Oberhaupt ihrer Familie, ihres Clans, sich von ihr scheiden zu lassen. Sie wollen unter allen Umständen verhindern, daß sie zur Kaiserin gekrönt wird. Ohne einen Staatsakt, als dessen Höhepunkt Napoleon die Kaiserkrone aufgesetzt wird, ist ein Kaisertum natürlich schwer vorstellbar. Bonaparte hüllt sich in dieser Angelegenheit in Schweigen. Das alles hat Zeit, muss sorgfältig überlegt und vorbereitet werden.

In St.-Cloud wird die Rangerhöhung sogleich an der Anzahl der Bediensteten sichtbar. Ihre Zahl wird beträchtlich erhöht, Joséphine umschwärmen zunächst zwölf, später bis zu neunundzwanzig Hofdamen. Neben ihnen tummeln sich eine Unzahl von Kammerherren und –frauen, von Ordonnanzoffizieren, Sekretären, Lakaien und Türstehern. Küchenpersonal, Stallknechte und Mägde gehören natürlich auch dazu. Aber sie bleiben größtenteils unbeachtet.

Die Hofdamen sind fast durchwegs (adelige) Damen von Rang und Stand, wenn auch nicht immer von Anstand und Würde. Einige von ihnen sind auffallend attraktiv. Die kokette Joséphine umgibt sich gerne mit solchen Frauen. Sie hat einen ausgeprägten Sinn für Schönheit, sie lässt sich durch Äußerlichkeiten leicht blenden. Es fehlt ihr an Menschenkenntnis.

Bonaparte lässt auch als Kaiser nicht von seinen Angewohnheiten. Für seine Amouren fasst er nun die Hofdamen ins Auge. Das ist weniger zeitaufwendig als eine Liaison mit einer Schauspielerin, die zu einem Tête-à-tête immer anreisen, mit der man sich vorher unterhalten muss. Solche unnützen Vorspiele kann er sich bei einer Hofdame ersparen.

Um die Zeit vor der Kaiserkrönung hat es ihm Elisabeth de Vaudey angetan. Die Offizierstochter ist eine anziehende Persönlichkeit, groß, schlank, extravagant. Sie ist mit dem Hofleben bestens vertraut und wie Joséphine eine leidenschaftliche Spielernatur. Möglicherweise war das die Eigenschaft, die die beiden Frauen miteinander verband. Wie immer, Joséphine erwählt sie zu ihrer Vertrauten, erzählt ihr von Napoleons Seitensprüngen. „Ich fürchte", äußert später die Gräfin, „dass dieses Bedürfnis, ihr Herz auszuschütten, alles auszuplaudern, was ihr durch den Kopf geht, haarklein zu erzählen, was sich zwischen ihr und dem Kaiser abspielt, ihr ein Gutteil von Napoleons Vertrauen raubt."

Joséphine nimmt ihre Lieblingshofdame im Juli 1804 auf eine Reise nach Aachen mit, wo sie sich wieder einmal einer Kur unterzieht. Der Gemahl findet sich ebenfalls dort ein, aber nicht um zu kuren, sondern um ein wenig auszuspannen.

Bei einer Partie Whist mit den Damen springt dann der zündende Funken über. Auf der Reise zurück nach Paris wird das Liebesverhältnis offenkundig und die zunächst ahnungslose Kaiserin muß zur Kenntnis nehmen, was die Spatzen längst von den Dächern pfeifen: Bonaparte spielt ihr wieder einmal einen Liebesstreich.

Sie muss sich diesmal nicht allzu lange grämen. Als die spielfreudige Gräfin ihn immer wieder ersucht, ihre horrenden Spielschulden zu begleichen, wird es dem Kaiser zu bunt. Er entlässt sie kurz entschlossen aus ihrer Funktion.

Joséphine ist erleichtert. Aber bald darauf ist es wieder um ihre Seelenruhe geschehen. Napoleon hat eine andere Hofdame zu seiner Favoritin erkoren, die blauäugige Adèle Duchâtel, eine zwanzigjährige Blondine. Aber diesmal bleibt es bei keiner amourösen Episode, keiner oberflächlichen Liebestorheit. Diesmal ist echte Liebe im Spiel.

Joséphine, die der Sache bald auf die Spur kommt, kann ihre Eifersucht nicht bezähmen. Als sie eines Abends bemerkt, dass der Gemahl und Madame Duchâtel zur selben Zeit den Spielsaal verlassen, fasst sie den törichten Entschluss, ihnen zu folgen. Wie nicht anders zu erwarten, spürt sie das Liebespaar in einem Privatzimmer Napoleons auf. Die Tür ist verschlossen. Was tut die Kaiserin? Anstatt wegzugehen und bei passender Gelegenheit den Gatten zur Rede zu stellen, verlangt sie gebieterisch Einlass. Es kommt zu einer peinlichen Szene. Joséphine verliert die Fassung, Napoleon wird von einem seiner berühmt-berüchtigten Wutanfälle übermannt. Die Kaiserin flieht in ihr Schlafzimmer, der Kaiser läuft hinterher, tobt, wütet und schlägt einen Teil der Einrichtung in Stücke. Sie solle St.-Cloud unverzüglich verlassen, er wolle sie nicht mehr sehen, brüllt er, er werde sich von ihr scheiden lassen und eine Frau heiraten, die ihm Kinder schenken könne.

Joséphines weiteres Leben an seiner Seite hängt an einem seidenen Faden. Sie macht sich Selbstvorwürfe. Wie habe sie nur so unklug handeln können? Demütig unterwirft sie sich dem Willen des despotischen Gatten, erwartet seine Befehle. Wenn er es verlange, wolle sie das Feld räumen, erklärt sie zerknirscht. Die Rolle der schweigenden Dulderin, die sie vorzüglich zu spielen versteht, verfehlt ihre Wirkung nicht. Napoleon löst nach ein paar Wochen das Verhältnis zu Madame Duchâtel und kehrt reuig zu seiner Gattin zurück. Er hat den Entschluss gefasst, Joséphine nicht zu verstoßen. Sie hat seinen Werdegang begleitet, seinen politischen Aufstieg gefördert. Er wird sie zur Kaiserin krönen.

Der Familienclan, der schon geglaubt hat, die verhasste Beauharnais aus dem Feld geschlagen zu haben, rast. Der Kaiser bleibt ungerührt. „Joséphine wird gekrönt werden", erklärt er kategorisch, „und wenn es mich das Leben von 200 000 Mann kostet."

Die Krönungszeremonie ist für den 2. Dezember 1804 festgesetzt. Bereits eine Woche zuvor ist Papst Pius VII. in Begleitung von Kardinälen, Bischöfen, Prälaten, Kämmerern und einem Heer von Bediensteten nach Paris gekommen und hat in den Tuilerien Quartier genommen.

Joséphine fiebert dem Krönungstag entgegen, aber auf ihrer Seele liegt eine schwere Last. Sie ist mit Napoleon nur standesamtlich verheiratet. In den Augen der Kirche ist ihre Ehe ungültig. Sie muss den Papst davon informieren. Das ist sie ihrem Gewissen schuldig. Aber es sind nicht nur religiöse Gründe, die sie dazu bewegen, diesen Schritt zu unternehmen. Eine kirchlich geschlossene Ehe ist unauflöslich. Bonaparte wird sich dann nicht mehr von ihr scheiden lassen können, argumentiert sie.

Erst einen Tag vor der Krönung bittet die schlaue Kreolin den Papst um eine Audienz. Pius VII. ist schockiert, als ihm Joséphine den Sachverhalt schildert. Er droht mit sofortiger Abreise, falls sich das Kaiserpaar nicht unverzüglich kirchlich trauen lasse. Ein Paar, das in Todsünde miteinander lebt, kann er nicht mit dem heiligen Öl salben.

Napoleon ist verärgert. Joséphine hat ihm einen peinlichen Streich gespielt. Aber es bleibt ihm nichts anderes übrig, als gute Miene zum bösen Spiel zu machen. Es ist alles vorbereitet, die Krönung kann unmöglich abgesagt werden. Rasches Handeln ist notwendig. Eiligst wird Kardinal Fesch, Napoleons Onkel, herbeigerufen. Er erhält den Auftrag, die Trauung unter strengster Geheimhaltung durchzuführen. Der Kardinal nimmt die Eheschließung am Nachmittag des 1. Dezember 1804 vor. In welchem Raum der Tuilerien die Zeremonie stattgefunden und wer ihr als Zeuge beigewohnt hat, darüber gibt es in den Napoleon-Biographien die verschiedensten Angaben. Die kirchenrechtliche Gültigkeit der Trauung ist bis heute umstritten. Der Papst gab sich jedenfalls damit zufrieden, die Krönung konnte, wie geplant, stattfinden.

Paris erlebte am nächsten Tag ein Schauspiel riesigen Ausmaßes, bei dem nur das Wetter nicht mitmachte. Der 2. Dezember 1804 war ein frostiger, bitterkalter Wintertag. Schon in den Morgenstunden herrschte in den von Tausenden Kerzen erhellten Tuilerien reges Treiben. Die Kaiserin wurde von den Hofdamen angekleidet, mit Juwelen geschmückt und unter der Anleitung des Malers Jean-Baptiste Isabey sorgfältig geschminkt. Der unkonventionelle Kaiser musste die lange, nervenzermürbende Ankleidezeremonie ebenfalls über sich ergehen lassen. Er ertrug sie mit Geduld und guter Laune.

Um zehn Uhr bestiegen die anmutige Kreolin aus Martinique, die in ihrer Kindheit barfuß Gänse gehütet hatte, und der zweitgeborene Sohn einer nicht sehr begüterten korsischen Familie die vor dem Schloss bereitstehende Karosse. Unter Kanonendonner und Glockengeläute ging es dann durch ein dichtes Menschenspalier, das am Straßenrand schaulustig die Hälse reckte, zur Kathedrale Notre-Dame, der Krönungskirche.

Im eiskalten, reich dekorierten Kircheninneren warteten die geladenen Gäste, unter ihnen der Papst, auf das Eintreffen des Festzuges. Das Kaiserpaar, das zuvor in einem Nebenraum der Kirche noch mit den Krönungsgewändern ausgestattet worden war, schritt, begleitet von Orgelklängen, unter einem Baldachin durch das Hauptschiff der Kirche zum Altar. Während des Pontifikalamts, das nun begann, salbte der Papst die kaiserlichen Hoheiten, die vor ihm niederknieten, auf Kopf und Händen.

Nach der feierlichen Messe segnete Pius VII. die beiden Kronen und die übrigen Insignien der kaiserlichen Macht (Zepter, Ring, Schwert und Reichsapfel). Nun ereignete sich etwas noch nie Dagewesenes: Napoleon stieg die Altarstufen hinauf, ergriff die größere der beiden Kronen, hob sie hoch und setzte sie sich auf das Haupt. Dann krönte er, die Stufen wieder hinabsteigend, seine vor ihm kniende Gattin mit der kleineren Krone. „Der Augenblick, der vielleicht die meisten Blicke nach dem Altar richtete, an dem der Kaiser stand, war der, wo Joséphine von ihm gekrönt wurde", schreibt eine Augenzeugin. „Welch ein Augenblick ... Sie war so natürlich, so anmutig, als sie auf den Altar zuging und mit so schlichter Eleganz niederkniete, dass aller Augen entzückt waren von dem Bild, das sie bot ... Aber auch der Kaiser vollzog die geringste Handlung der Zeremonie mit größter Anmut."

Nachdem der Papst mit seinem Gefolge die Kathedrale verlassen hatte, leistete Napoleon den Eid auf die Verfassung, mit dem er beschwor, die von der Revolution erkämpften politischen, bürgerlichen und religiösen Freiheiten unangetastet zu lassen.

Mittlerweile war es drei Uhr nachmittags geworden. Der lange Festzug verließ die Krönungskirche und bahnte sich durch die Menschenmenge, die trotz der Kälte ausgeharrt hatte, den Weg zurück zu den Tuilerien. Eine frühe Winternacht fiel ein, Fackeln, Lampions, Laternen und Lichtergirlanden verwandelten das Dunkel in eine flackernde Helligkeit.

Müde und ermattet von den Strapazen des Tages nahm das Kaiserpaar gemeinsam das Abendessen ein. Joséphine hatte mit ihrer natürlich zur Schau getragenen Anmut und majestätischen Eleganz alle Beteiligten beeindruckt. Auch (wieder einmal) den Gemahl. Der gesalbte und gekrönte Kaiser dankte ihr dafür, pries sie, war voll des höchsten Lobes. Leitete der Krönungstag den Beginn einer neuen, ruhigeren Phase ihres Ehelebens ein? Es schien so.

Im Frühjahr 1805 zog das Kaiserpaar über die Alpen nach Italien, wo Napoleon am 26. Mai in Mailand zum König der Lombardei gekrönt wurde. Joséphine saß diesmal nur unter den Zuschauern, sie durfte aber den Titel einer Königin von Italien führen. Nach Frankreich zurückgekehrt, trennten sich die Wege des Herrscherpaares. Napoleon begab sich in das Feldlager von Boulogne-sur-Mer, die Kaiserin fuhr zur Kur nach Plombières.

Aus der geplanten Invasion in England wurde nichts, aber der Kaiser der Franzosen tröstete sich mit einer kleinen Italienerin über die militärische Enttäuschung hinweg, während Joséphines Kinderlosigkeit weiter ein Thema zwischen den Eheleuten blieb.

Unterdessen hatte der österreichische Kaiser Franz II. mit Großbritannien und Russland eine Dritte Koalition vereinbart. Blitzartig eröffnete Bonaparte den Feldzug, trieb die feindlichen Armeen vor sich her, besetzte Wien, sandte zwischendurch Joséphine „tausend süße Küsse überallhin" und vernichtete genau am Jahrestag seiner Kaiserkrönung, am 2. Dezember 1805, bei Austerlitz in Mähren das vereinigte österreichisch-russische Heer. Während er Schlachten gewann, eroberte die Gattin, auf einer Reise an einige deutsche Höfe, Herzen. So jedenfalls sah es der Kaiser, der bereits halb Europa unter seine Herrschaft gezwungen hatte und immer selbstherrlicher wurde.

Bis zum nächsten Feldzug blieben Napoleon acht Monate Zeit, die er in Paris verbrachte. Das Kaiserpaar lebte einträchtig mit- und nebeneinander her, wenn die Verschwendungssucht Joséphines Bonaparte nicht gerade die Zornesröte ins Gesicht trieb.

Joséphine nahm es mit Marie Antoinette, der extravaganten Tochter Maria Theresias und Gemahlin Ludwigs XVI., deren Prunksucht sprichwörtlich geworden ist, spielend auf.

Der Kaiserin standen für ihre persönlichen Ansprüche jährlich etwa eine Million Francs (ungefähr neunhunderttausend bis über eine Million Euro nach heutigem Wert) zur Verfügung, die sie mit vollen Händen ausgab. Sie fragte nicht danach, woher das Geld kam, und es war ihr auch völlig gleichgültig, wieviel ein Kleid oder ein Schmuckstück kostete. Hauptsache, es gefiel ihr. Sie trug jedes ihrer Kleidungsstücke nur einmal, gleichgültig, wie teuer es war.

Auch ihre Schmuckkollektion war enorm. Keine französische Monarchin vor und nach ihr besaß so viele Diademe, Halsgehänge, Armbänder, Broschen und Ohrringe wie sie. Napoleon tobte zwar gelegentlich über die hohen Rechnungen, die er zu bezahlen hatte, aber es gefiel ihm, wenn seine Frau mit ihrer erlesenen Garderobe und ihrem wertvollen Schmuck die Blicke auf sich zog.

Einen Teil ihrer Apanage verwendete die Kaiserin dazu, wohltätige Einrichtungen zu unterstützen. Sie half Verwandten und Freunden aus persönlichen Notsituationen und verschaffte ihnen staatliche Renten.

Eine besondere Vorliebe hegte Joséphine für exotische Pflanzen und Tiere. Sie machte einige Blumen, wie zum Beispiel die Dahlie und die Pelargonie, in Frankreich heimisch und setzte sich für die Anlage von botanischen Gärten im ganzen Land ein. In ihrem Zoo in Malmaison gab es Tiere aus aller Herren Länder, die sie den Besuchern nicht ohne einen Anflug von Besitzerstolz zeigte. Ihre geliebten schwarzen australischen Schwäne, die Goldfasane und Pfauen fütterte sie gelegentlich selbst.

Natürlich kosteten der Ankauf und die Betreuung ihrer Sammlungen sehr viel Geld. Der Kaiser hatte dafür jedoch Verständnis. Er hielt es wahrscheinlich für sinnvoller, wenn sich Joséphine mit ihren Tieren und Pflanzen beschäftigte – sie hatte ohnehin kaum andere Hobbys –, als wenn sie ihm nachspürte und seine erotischen Abenteuer störte.

In den Wochen und Monaten nach Austerlitz hielt er sich im (Liebes) Raum neben seinem Arbeitszimmer wieder häufiger auf als im Schlafzimmer der Kaiserin. Joséphine blieb das natürlich nicht verborgen. Sein Verhalten ihr gegenüber verriet ihn. Denn immer dann, wenn er sich intensiver mit einer Frau beschäftigte, war er besonders launisch, barsch, oft geradezu herzlos. Sie nahm von seinen Eskapaden jedoch keine Notiz. „Der Preis für Joséphines Entschlossenheit, Napoleons Gattin zu bleiben", konstatierte eine zeitgenössische Beobachterin, „war ihre Bereitschaft, die Seitensprünge ihres Mannes zu ignorieren."

Die Dame, der er im Januar 1806 seine Gunst zuzuwenden begann und von der er sich in den nächsten paar Wochen im Bett verwöhnen ließ, war trotz ihrer Jugend (sie war zwanzig Jahre alt) seit zwei Jahren verheiratet, stand aber bereits wieder vor der Scheidung von ihrem kriminell veranlagten Ehegatten.

Sie hieß mit vollem Namen Louise-Cathérine-Eléonore Denuelle de la Plaigne und stammte aus einem nicht besonders angesehenen Haus. Die Natur hatte sie jedoch mit einem vorteilhaften Äußeren ausgestattet, und zudem hatte sie das Glück, in dem Pensionat, in dem sie ihre Ausbildung erhielt, der jüngsten Schwester Napoleons, Caroline (Maria Annunziata) Bonaparte, zu begegnen. Caroline heiratete Joachim Murat, den alten Kampfgefährten ihres Bruders, und stieg mit ihrem Gemahl zu fürstlichen Rängen auf. Sie wurde Großherzogin von Berg und Kleve und später Königin von Neapel.

Eléonore Denuelle machte sich die hohe Bekanntschaft zu Nutze. Als sie durch ihre Ehe in eine bedrängte Lage kam, ersuchte sie Caroline Murat um Hilfe. Diese machte die ehemalige Schulfreundin zunächst zu ihrer Empfangsdame und danach zu ihrer Vorleserin – freilich nicht ohne Hintergedanken.

Wie ihre Schwestern und Brüder war auch Caroline der Kaiserin nicht gut gesonnen und ließ nichts unversucht, um ihr zu schaden. Wie wäre es, wenn sie die schöne Eléonore dem Bruder zuführte? Vielleicht war sie die Frau, die dem Kaiser einen Nachkommen schenken konnte. Bis jetzt waren alle diesbezüglichen Versuche fehlgeschlagen. Aber wer weiß, vielleicht gelang es doch einmal?

Es bereitete Caroline keine Schwierigkeiten, Eléonore mit dem Kaiser bekannt zu machen. Napoleon war die Kleine ein paar Liebesstunden wert. Er hängte sein Herz nicht an sie, es war eine Liebschaft wie zahlreiche andere auch. Und doch spielte gerade diese Beziehung eine wichtige Rolle im Liebesleben des Kaisers.

Im Herbst 1806 war Preußen an der Reihe. Napoleon machte mit dem preußischen Heer, das noch ein halbes Jahrhundert zuvor unter König Friedrich II. als das beste der Welt gegolten hatte, kurzen Prozess. Er fegte es vom Schlachtfeld. „Napoleon atmete Preußen an, und Preußen hörte auf zu bestehen", spöttelte Heinrich Heine. Am 27. Oktober 1806 zog der Kaiser der Franzosen durch das Brandenburger Tor in Berlin ein, schlug für ein paar Wochen sein Quartier im Potsdamer Schloss auf, eröffnete mit der Verkündung der Kontinentalsperre den Wirtschaftskrieg gegen England und marschierte weiter gegen Osten.

Der Zar hatte sein Armee in Marsch gesetzt. Am 2. Dezember 1806 schrieb Bonaparte von Posen aus an Joséphine: „Heute ist der Jahrestag von Austerlitz. Ich war auf einem Ball, den die Stadt gab. Es regnet. Ich bin wohlauf. Ich liebe Dich und begehre Dich. Meine Truppen sind in Warschau. Es ist noch nicht kalt. All diese Polinnen sind Französinnen, aber für mich gibt es nur eine einzige Frau: Kennst Du sie vielleicht? Ich würde sie Dir gerne schildern …"

Schon bald danach brach der Winter an. Der Feldzug ging weiter, die Armee kam nur mühsam voran. Die Soldaten und die Geschütze blieben im Schlamm stecken, die Stimmung sank.

Da traf am Abend des zu Ende gehenden Jahres im kaiserlichen Hauptquartier die Nachricht ein, dass Madame Eléonore Denuelle im Haus in der Rue de la Victoire am 13. Dezember einen Sohn zur Welt gebracht hatte. Napoleon Bonaparte bekannte sich sofort zur Vaterschaft. Er hatte den Beweis erbracht, dass er zeugungsfähig war, dass an der Kinderlosigkeit seiner Ehe nicht er, sondern Joséphine schuld war. Sie bekam es bald zu spüren.

Charles Léon Denuelle, der illegitime Sohn des Kaisers, hatte eine große Ähnlichkeit mit dem Vater. Er kam in die Obhut einer Amme und erhielt eine vorzügliche Erziehung. Der Kaiser kümmerte sich nicht nur um sein geistiges Wohl. Er kaufte ihm einen Landsitz, übereignete ihm Aktien und bedachte ihn sogar in seinem Testament. Mit der Mutter pflegte Napoleon keinen Kontakt mehr.

Der Zufall spielt auch im Privatleben eines Kaisers manchmal verblüffend Regie. Einen Tag nach der Nachricht von der Geburt eines (unehelichen) Sohnes begegnete Napoleon auf der Fahrt nach Warschau in der Kleinstadt Bronia einer jungen Polin, deren Gesicht sich ihm tief einprägte. Als die kaiserliche Kutsche bei einer Poststation Halt machte, um die Pferde zu wechseln, löste sich eine junge Frau aus der Menschenmenge, die den Wagen umdrängte, und kam auf ihn zu. Als der Kaiser das Fenster öffnete, richtete sie in gebrochenem Französisch ein paar Worte an ihn, über deren Inhalt wir natürlich nicht unterrichtet sind.

In Warschau angekommen, nahm der Kaiser, von dem die Polen die Wiederherstellung ihres Königreiches erhofften (Österreich, Russland und Preußen hatten in den letzten zwei Jahrzehnten des 18. Jahrhunderts Polen untereinander aufgeteilt), im Königsschloss Quartier und gab sogleich Befehl, nach der jungen Polin zu fahnden und ihre Identität festzustellen. Er musste sie unbedingt wiedersehen.

Schon nach kurzer Zeit hatte er die erwünschte Information in Händen. Die Dame, die so großen Eindruck auf ihn gemacht hatte, zählte ganze neunzehn Lenze, war mit dem siebzigjährigen Grafen Anastazy Walewski, einem Patrioten, verheiratet, Mutter eines kleinen Sohnes, und hieß mit Vornamen Marie.

Das Wiedersehen fand bei einem Ball statt, den man dem „Befreier Polens" zu Ehren veranstaltete, und zu dem auch das Ehepaar Walewski geladen war. Marie trug im Gegensatz zu den übrigen, kostbar gekleideten und tief dekolletierten weiblichen Ballgästen ein schmuckloses weißes Kleid. Dem Kaiser gefiel die Toilette nicht sonderlich, von Marie, von ihrer zurückhaltenden Noblesse war er aber begeistert. Am nächsten Tag ließ er der Gräfin einen Blumenstrauß mit einem Billett zustellen, auf dem im Stil seiner berühmt knappen Armeebefehle geschrieben stand: „Ich habe nur Sie gesehen, ich habe nur Sie bewundert, ich begehre nur Sie. Eine schnelle Antwort wird meine ungeduldige Glut stillen."

Marie Walewska war eine begehrenswerte Frau, aber kein gehorsames Artilleriekorps. Sie ließ den Brief unbeantwortet.

Im nächsten Schreiben wandte sich nicht mehr der Kaiser, sondern der Liebhaber an sie. Ob sie einem armen Herzen nicht ein bisschen Glück und Freude gönnen wolle, jammerte der Schlachtenlenker. Die Angebetete wollte nicht.

Napoleon riskierte einen dritten Brief. „Oh, kommen Sie! Kommen Sie! Alle Ihre Wünsche werden erfüllt. Ihr Vaterland wird mir teuer sein, wenn Sie Erbarmen mit meinem armen Herzen zeigen", appellierte er an das patriotische Herz der Gräfin. Und diesmal hatte er Erfolg. Marie Walewska ließ sich zu ihm bringen.

Marie Walewska, Heliogravure nach einem Gemälde von Robert Lefèvre

Es klappte nicht gleich alles so, wie es sich der stürmische Liebhaber erträumt hatte. Die Gräfin zeigte sich spröde. Erst bei den nächsten Zusammenkünften schenkte sie Napoleon ihr Herz.

Aus der Romanze wurde bald ein glühendes Liebesverhältnis. Marie Walewska besuchte Napoleon während der Dauer seines Warschauer Aufenthaltes jede Nacht und war bei allen seinen Empfängen anwesend.

Anfang April 1807 verlegte Napoleon sein Hauptquartier nach Schloss Finckenstein im westpreußischen Regierungsbezirk Marienwerder. Marie Walewska verließ den Ehemann und verbrachte ein paar Wochen bei ihrem Geliebten, der in die polnische Gräfin wie ein romantischer Gymnasiast vernarrt war. An seinen Bruder Lucien schrieb er: „Sie ist ein Engel. Man kann behaupten, ihre Seele sei ebenso schön wie ihre Züge." Als er von ihr Abschied nahm, schenkte er ihr zur Erinnerung einen Ring mit der Inschrift: „Wenn Du aufhörst mich zu lieben, vergiss nicht, dass ich Dich liebe."

Während der Liebesaffäre mit Marie Walewska schrieb der Kaiser, den offenbar das Gewissen plagte, unzählige Briefe an die in Mainz weilende Gattin. „Ich liebe nur meine kleine Joséphine", heuchelte er, „die gute, schmollende und kapriziöse Joséphine, die genauso anmutig zu streiten versteht wie alles andere, was sie tut, denn sie ist liebenswürdig, außer wenn sie eifersüchtig ist …"

Nach einem Sieg über die russische Armee und dem Friedensschluss mit Zar Alexander I. kehrte der Feldherr Ende Juli 1807 nach Paris zurück. Joséphine war seine Liaison mit Marie nicht verborgen geblieben. Sie war besorgt. Aber sie verlor kein Wort darüber. Ob Napoleon sich zu diesem Zeitpunkt bereits zu dem Entschluss durchgerungen hatte, sich von ihr scheiden zu lassen, ist ungewiss. In seinen Memoiren behauptet er es. Jedenfalls hatte er nicht den Mut, das Thema anzuschneiden. Um das Terrain zu sondieren, schickte er zunächst seinen Polizeiminister Joseph Fouché ins Treffen. Die Kaiserin erblasste, als Fouché ihr zu verstehen gab, sie möge im Interesse Frankreichs ein Opfer bringen und den ersten Schritt tun. Nein, das werde sie niemals, erwiderte sie.

Napoleon, der seine militärischen Erfolge seiner ungewöhnlichen Entscheidungskraft verdankte, war seltsam unentschlossen. Er mied eine klärende Aussprache. Joséphine war sein Lebensmensch, er hegte ein tiefe Zuneigung für sie. Er schreckte davor zurück, das Band zu zerreißen, das ihn an sie knüpfte. Er schlief jetzt häufiger mit ihr und schwor ihr ewige Liebe. Das hinderte ihn freilich nicht, sie zu betrügen, kurzlebige Liebschaften einzugehen, deren Details er ihr nicht verschwieg.

Zu Jahresbeginn 1808 holte er auch Marie Walewska nach Paris, die er im Palais in der Rue de la Victoire unterbrachte, wo er sie als biederer Bürger verkleidet häufig besuchte. Über die Nächte, die er mit ihr verbrachte, hüllte er sich Joséphine gegenüber in Schweigen.

Im Frühjahr 1809 gab es wieder Krieg mit Österreich. Eilends begab sich der Kaiser auf den Kriegsschauplatz. Joséphine begleitete ihn bis nach Straßburg, wo sie blieb, während er sich in das Kampfgetümmel warf. „Da bin ich wie der Blitz", sagte er, als er am 17. April 1809 in Donauwörth eintraf. Er zog mit seiner Armee ein zweites Mal in Wien ein, erlitt bei Aspern seine erste militärische Niederlage und behielt schließlich doch wieder die Oberhand. Im Frieden von Schönbrunn reduzierte er die Habsburgermonarchie von einer Groß- auf eine Mittelmacht.

Im Schloss Schönbrunn, wo er residierte, nahm der Sieger, der nun am Zenit seines Lebens stand, jeden Abend die junge polnische Gräfin in die Arme. Marie Walewska war ihm nachgereist und hatte in einem Häuschen in der Nähe des Schlosses Quartier genommen, von wo sie Constant, der getreue, eilfertige Diener, zu Seiner Majestät brachte.

Im September teilte die Gräfin Napoleon mit, dass sie schwanger sei. Die Nachricht versetzte den Vierzigjährigen in einen regelrechten Freudentaumel. Jetzt hatte er die endgültige Gewissheit, dass er zeugungsfähig war – der Sohn der lebenslustigen Madame Denuelle hätte ebenso gut von einem anderen

Mann stammen können –, dass er eine Dynastie begründen konnte.

Sein Entschluss, sich von Joséphine scheiden zu lassen, stand nun unwiderruflich fest. Noch vor seiner Rückkehr nach Frankreich Mitte Oktober wies er seinen Botschafter in St. Petersburg an, das Terrain für eine Heirat mit der Schwester des Zaren zu sondieren. Marie Walewska schickte er in ihre Heimat zurück, damit sie dort das Kind zur Welt bringen konnte. Joséphine, die nach Malmaison zurückgekehrt war und dort von düsteren Ahnungen geplagt wurde – sie wusste bereits von der Schwangerschaft der Polin –, schrieb er einen zärtlichen Brief, der mit dem zweideutigen Satz schloss: „Ich kann es nicht erwarten, bei Dir zu sein." Sie möge sich am 26. oder 27. Oktober in Fontainebleau einfinden.

Als Joséphine am Abend des 26. Oktober im geschichtsträchtigen, sechzig Kilometer südöstlich von Paris gelegenen Schloss ankam, empfing er sie brüsk. Beim Betreten ihrer Gemächer musste sie feststellen, daß die Tür zu seinen Räumen zugemauert worden war. Deutlicher hätte der Herr Gemahl seine Trennungsabsichten nicht zum Ausdruck bringen können.

Der unmissverständlichen Geste, die er anbefohlen hatte, folgte keineswegs die notwendige Aussprache. Der Kaiser spannte seine Gemahlin wochenlang auf die Folter, zwang sie, an Hetzjagden teilzunehmen, schwieg sich beim gemeinsamen Diner aus, mied ihr Schlafzimmer.

Joséphine litt Seelenqualen, aber sie ertrug diese Demütigungen zumindest in der Öffentlichkeit mit Würde, bis sie eines Tages nach dem Abendessen zusammenbrach. Gemeinsam mit einem Kammerdiener trug sie der Gatte über eine steile Treppe in ihre Gemächer hinunter, wo sie sich langsam wieder erholte.

Joséphines Martyrium ging am 14. Dezember 1809 mit der Scheidungszeremonie zu Ende. Im Thronsaal der Tuilerien fanden sich dazu die Mitglieder des Bonaparte-Clans und der gesamte Hof ein.

Napoleon verlas einen vorbereiteten Text, in welchem er die Gründe für diesen Schritt darlegte und seiner „innigst geliebten

Gattin" für die Liebe und Zärtlichkeit dankte, die sie ihm in ihrer dreizehnjährigen Ehe entgegengebracht habe.

Joséphines Erwiderung musste von einem Adjutanten verlesen werden, da sie selbst dazu nicht imstande war. Die Aufregung verschlug ihr die Stimme. Das Protokoll wurde unterzeichnet, ein Schiedsspruch des Senates bestätigte die zivilrechtliche Auflösung der Ehe.

Joséphines materielle Zukunft war vorher vertraglich abgesichert worden. Sie durfte den Rang einer Kaiserin beibehalten, erhielt Schloss Malmaison und den Elysée-Palast als Residenzorte zugesprochen und konnte über eine jährliche Apanage von drei Millionen Francs verfügen.

Es regnete in Strömen, als die Kaiserin, die jetzt nur noch dem Namen nach eine war, am Morgen nach der Scheidung von den Tuilerien Abschied nahm und Paris in Richtung Malmaison verließ. Napoleon umarmte sie kurz, ehe er eine Stunde später nach Versailles aufbrach. Dort dinierte er mit seiner Schwester Pauline und ertränkte seinen Trennungsschmerz in den Armen einer blonden, üppigen Piemonteserin, die Pauline ihm fürsorglicherweise mitgebracht hatte.

Joséphine ließ sich freilich nicht so leicht aus seinem Herzen verdrängen. Napoleon konnte sie nicht vergessen, stattete ihr in Malmaison Besuche ab, schrieb ihr teilnahmsvolle Briefe, die den bejammernswerten seelischen Zustand, in dem sie sich befand, noch verschlimmerten. Die Erinnerung ist kein Paradies. Ein Lebensmensch lässt sich nicht aus dem Gedächtnis streichen.

Die Absicht Napoleons, mit einer russischen Großfürstin die Ehe einzugehen, schlug fehl. Der Zar versagte ihr seine Zustimmung. Der Kaiser wandte daraufhin sein Augenmerk einer andern Dynastie zu: den Habsburgern. In Wien stieß das Eheprojekt sofort auf Gegenliebe. Der Minister des Äußeren, Graf Clemens Lothar Metternich, war aus staatspolitischen Gründen sogleich davon eingenommen. Kaiser Franz I. gab seine Zustimmung zur Aufnahme von Verhandlungen. Er liebte seine Erstgeborene, Erzherzogin Marie Louise, die als Heiratsobjekt ausersehen war, zwar sehr, aber persönliches Glück zählte im Hause Habsburg nicht, wenn es um das Interesse der Dynastie ging.

Die junge Frau wusste von den Absichten des kaiserlichen Papas und seines einflussreichen Ministers lange Zeit nichts. Als Marie Louise davon in Kenntnis gesetzt wurde, fiel sie aus allen Wolken. Sie konnte es ganz einfach nicht fassen, dass sie mit einem Mann vermählt werden sollte, der doppelt so alt war wie sie und am Wiener Kaiserhof als die Verkörperung des Bösen galt, als der Teufel in Person. Marie Louise weinte sich die Augen aus dem Kopf und versuchte den geliebten Papa umzustimmen. Es half nichts, sie musste sich fügen.

Vor der endgültigen Festsetzung des Heiratstermines musste allerdings auf Wunsch des Wiener Hofes noch eine wichtige Hürde aus dem Weg geräumt werden. Nach katholischem Kirchenrecht ist eine Ehescheidung nicht möglich, die Ehe ist ein Sakrament. Es gibt nur eine Trennung von Tisch und Bett. Napoleon und seine Ratgeber bereitete dieses Problem kein allzu großes Kopfzerbrechen. Die Trauung des Jahres 1804 wurde mit allerlei formaljuristischen Spitzfindigkeiten und Tricks annulliert. Der Brautvater fand sich damit ab. Dann war es schließlich so weit. Als Hochzeitstermin wurde der 2. April 1810 vereinbart.

Napoleon dirigierte und überwachte höchstpersönlich die Vorbereitungen für das große Ereignis. Er lernte Walzer tanzen, gab Empfänge, ließ das Schloß Compiégne, wo der Empfang der Braut geplant war, neu möblieren und schickte der Braut Geschenke und Liebesbriefe.

Marie Louise nahm am 13. März im Audienzsaal der Wiener Hofburg schweren Abschied von ihren Eltern, den Geschwistern und dem gesamten Hofstaat.

Der zukünftige Gatte empfing sie nach der zwei Wochen langen, anstrengenden Fahrt nach Frankreich völlig unkonventionell. Er fuhr ihr entgegen, sprang in ihre Kutsche und küsste sie ungestüm. Er scherte sich auch sonst nicht um Herkommen und Zeremoniell. Gleich nach der Ankunft in Compiégne soupierte

Hochzeit von Napoleon und Marie Louise, Gemälde von Georges Rouget

er mit seiner jungen Frau und zog sich dann mit ihr in das Schlafzimmer zurück. Die vorverlegte Hochzeitsnacht schien der Habsburgerin nicht übel gefallen zu haben. „Er liebte mich inniglich", schrieb Marie Louise am 28. März dem Papa. „Ich bin überzeugt, dass ich recht zufrieden mit ihm leben werde."

Die Erzherzogin hatte ein schlichtes Gemüt. Der Kaiser fand sie entzückend. „Heiratet eine Deutsche", riet er, „sie sind sanft, gut, unverdorben und frisch wie Rosen."

Die offizielle Ziviltrauung und die kirchlichen Vermählungsfeierlichkeiten in der Kapelle des Louvre waren ein glanzvolles Ereignis, aber im Grunde genommen doch nur eine Formsache.

Einen Monat nach diesen Staatsaktionen, am 4. Mai 1810, brachte Marie Walewska in Polen eine gesunden Knaben zur Welt, der auf den Namen Alexandre getauft wurde. Marie Louise erfuhr es aus der Zeitung. Es muss ein schwerer Schlag für sie gewesen sein.

Die Gräfin Walewska entschloss sich, ihr Heimatland endgültig zu verlassen, und übersiedelte im Spätherbst nach Paris. Der Kaiser stellte ihr ein Schlösschen zur Verfügung und versorgte sie fürstlich. Nur gelegentlich ließ er sie mit ihrem kleinen Sohn zu sich kommen.

Seiner jungen Frau gegenüber erwies sich Napoleon als aufmerksamer, liebevoller Gatte. Er machte ihr bei jeder Gelegenheit Geschenke, wohnte ihren Mal- und Musikstunden bei, spielte mit ihr Schach, war um sie äußerst besorgt, nahm Rücksicht auf sie.

„Der Kaiser lässt sie nicht zwei Stunden des Tages allein, er sorgt für alles und jedes", berichtete Metternich nach Wien. Und: „Der Kaiser ist von seiner Frau sehr eingenommen ... Er ist so offensichtlich verliebt in sie, dass er alle seine Gewohnheiten ihren Wünschen unterordnet."

Von der Politik hielt er sie allerdings fern, was ihm nicht schwer fiel. Die scheue, unerfahrene, mittelmäßig begabte Tochter Kaiser Franz I. hatte gar kein Bedürfnis, eine politische Rolle zu spielen. Sie wusste, dass es ihre vordringlichste Aufgabe war, für Nachkommenschaft zu sorgen. Diesem Anspruch wurde sie bald gerecht. Drei Monate nach der Hochzeit war sie schwanger.

Der Kaiser beschäftigte sich sogleich intensiv, wie es seinem Wesen entsprach, mit den Vorbereitungen für die Geburt des Kindes. Er suchte persönlich die Amme aus, bestellte zwei Ärzte, die zu täglichen Visiten verpflichtet wurden, und bestimmte, welche Appartements in den Tuilerien für das kaiserliche Kind bereitzustellen waren. Dem „König von Rom" sollten ein Schlaf-, Wohn- und Speisezimmer, ein Arbeitskabinett und eine Garderobe zur Verfügung stehen. Natürlich mit herrschaftlichen Ausmaßen.

Für das Neugeborene standen zweiundvierzig Dutzend Windeln bereit, Häubchen, Jäckchen und was sonst noch alles zur Ausstattung eines Babys gehörte.

Zur Gouvernante ernannte der Kaiser die Gräfin Montesquiou. „Madame, ich vertraue Ihnen das Schicksal Frankreichs an", sagte er zu ihr und bürdete ihr mit diesem einen Satz eine schwere Verantwortung auf. Der Gräfin stand für ihre Aufgabe eine Schar von Bediensteten zur Verfügung: Wiege- und Garderobefrauen, Mägde, ein Haushofmeister, ein Stallmeister, ein Sekretär, ein paar Türsteher und Kammerdiener.

Die Wehen setzten am Abend des 19. März 1811 ein. Sogleich fanden sich, dem Zeremoniell entsprechend, die höchsten weltlichen, geistlichen und militärischen Würdenträger des Staates in den Gemächern der Kaiserin ein und bangten der entscheidenden Stunde entgegen. Sie mussten lange warten. Erst um 9,20 Uhr des nächsten Tages wurde Marie Louise nach einer äußerst schweren Geburt, bei der ihr Leben auf dem Spiel stand, von einem Kind entbunden.

Zur ungeheuren Freude des Vaters war es ein Sohn. Er erhielt den Namen Napoleon Franz Joseph Carl. Napoleons Erbe war gesichert, eine Dynastie war begründet. So hoffte er wenigstens.

In Paris wurden Salutschüsse abgefeuert, im ganzen Land verkündeten die Kirchenglocken die Geburt eines Thronfolgers.

Napoleon vergaß auch in dieser Stunde seine Joséphine nicht. Er schickte einen Boten mit der frohen Kunde nach Malmaison.

„Er ist dick und gesund", teilte er seiner geschiedenen Gattin mit.

Auch Marie Louise war überglücklich. Dem Papa in Wien, den sie zum Großvater gemacht hatte, schrieb sie: „Sie können sich mein ganzes Glück vorstellen. Ich hätte nie geglaubt, dass ich eine so große Freude fühlen werde können." Seit dem Augenblick der Geburt ihres Sohnes sei ihre zärtliche Liebe für den Gemahl noch größer geworden, die Beweise der Anhänglichkeit, die er ihr gebe, würden sie auf ewig an ihn fesseln. Fünf Jahre später war dann alles anders.

Mit der Geburt des „Königs von Rom" waren die Flitterwochen zu Ende. Der Kaiser setzte sein altes Leben fort, wozu auch seine Amouren gehörten, und beschäftigte sich verstärkt mit neuen Eroberungsplänen. Er entschloss sich zu einem Feldzug gegen Russland, das sich seinen Wirtschaftsmaßnahmen („Kontinentalsperre") widersetzte. Ab August 1811 widmete er sich ganz den Vorbereitungen dafür, die die Kräfte des Feldherrn, der ein neuer Alexander sein wollte, voll in Anspruch nahmen.

Bevor er Frankreich verließ, besuchte er Joséphine in Malmaison. Marie Louise begleitete ihn bis Dresden. Dort traf sie den Vater und die Stiefmutter, Kaiserin Maria Ludovica, die Napoleon aus vollem Herzen hasste. Napoleon legte ein widerwärtiges Imponiergehabe an den Tag, Marie Louise versuchte mit ihrem Schmuck und ihrer Garderobe zu brillieren, was die österreichischen Gäste mit Missmut erfüllte.

Nach ein paar Tagen trennte man sich. Die Kaiserin der Franzosen kehrte über Prag, wo sie mit ihren Geschwistern zusammentraf, zu ihrem Sohn nach Paris zurück, Napoleon stürzte sich in sein Russlandabenteuer. Er schrieb seiner „guten Louise", seiner „süßen Freundin" von allen möglichen Standorten Briefe, die immer dieselben Wendungen und Floskeln enthielten. Er erfreue sich bester Gesundheit, versicherte er ihr, beteuerte ihr seine ungebrochene Liebe und gab der Hoffnung Ausdruck, dass er bald heimkehren werde. Über die militärischen Operationen verlor er kein Wort.

Marie Louise, Napoleon und der „König von Rom“,
Gemälde von Alexandre Menjaud

131

Er kehrte heim, aber als Geschlagener. Die Grande Armée drang unter ungeheuren Verlusten bis nach Moskau vor. Aber dort war Endstation. Der Rückzug, den er zu spät befahl, wurde zum Inferno. Von den mehr als 600 000 Mann, die er aus aller Herren Länder für seine größenwahnsinnigen Ziele rekrutiert hatte, kehrte ein kleines Häuflein in die Heimatländer zurück. Die anderen gingen in den Weiten Russlands elend zugrunde, wurden erschossen, erschlagen, verhungerten, erfroren bei Temperaturen bis zu minus 35 Grad.

Der Kaiser scherte sich nicht darum. Er ließ seine Soldaten im Stich und kehrte, von einem seiner Getreuesten, General Armand Caulaincourt, begleitet, nach Paris zurück, wo er am Abend des 18. Dezember 1812 eintraf.

In den Tuilerien angekommen, stürzte er in das Schlafzimmer der Gemahlin und schloss Marie Louise in die Arme. Tags darauf fand er sich bei Joséphine in Malmaison ein. Selbst in diesen furchtbaren Tagen, in denen das Schicksal Frankreichs auf dem Spiel stand, dachte er zuerst an sein persönliches Glück

Napoleon war geschlagen, aber nicht besiegt. Der Kampf der europäischen Monarchien gegen den Mann, der den französischen Königsthron usurpiert hatte, ging weiter. Der Korse, der noch immer Charisma hatte, stampfte Armeen aus dem Boden, stellte sich seinen Gegnern. Mit der Regentschaft Frankreichs betraute er seine Frau, die dieser Aufgabe natürlich nicht gewachsen war. Der einst unbezwingbare Feldherr errang unbedeutende Siege und erlitt entscheidende Niederlagen. Das Kriegsglück hatte ihn verlassen, sein Stern war längst im Sinken begriffen.

Am 31. März 1814 rückten Zar Alexander I. und König Friedrich Wilhelm III. von Preußen an der Spitze der alliierten Truppenverbände in Paris ein. Napoleon wurde für abgesetzt erklärt, verzichtete für sich und seine Nachkommen auf den Thron Frankreichs und ging auf die Insel Elba ins Exil.

Marie Louise hatte Paris verlassen und war unter militärischem Schutz mit ihrem kleinen Sohn über Orléans nach Blois gereist, wo sich ihr Hofstaat auflöste. Sie war in einer beklagenswerten

Situation. Sollte sie das Los ihres Mannes teilen und ihn nach Elba begleiten oder nach Wien zurückkehren? Sie wusste nicht aus und ein. Schließlich siegte im Widerstreit der Gefühl die gehorsame Tochter über die getreue Ehegattin. Die ehemalige Kaiserin der Franzosen kehrte in den Schoß ihrer Familie zurück.

Und Joséphine, die andere Ex-Kaiserin, was tat sie, wie verhielt sie sich in dieser ereignisreichen Zeit? Sie kehrte bei der Nachricht von Napoleons Abdankung von Navarre, wo sie sich aufhielt, nach Malmaison zurück. Der Zar und zahlreiche andere ausländische Fürsten besuchten sie dort und waren von ihrer Noblesse beeindruckt.

Im Unterschied zu den meisten Freunden, Mitkämpfern und Günstlingen, die sich von Napoleon abwandten, als sie nichts mehr von ihm erwarten konnten, bedauerte sie das Schicksal des Ex-Gatten und sorgte sich um ihn. „Ich leide schon sehr um Napoleon, der von solcher Größe stürzte und der nun verbannt ist auf einer Insel, fern von Frankreich, das ihn im Elend ließ", sagte sie zu einer Dame ihrer Umgebung. Frankreich ließ ihn im Elend? Das ist eine seltsame historische Perspektive, aus der sie das alles sah.

Mit Joséphines Gesundheit stand es nicht eben zum Besten. Immer schon hatte sie unter Migräneanfällen und allen möglichen, psychisch bedingten Krankheiten gelitten. Jetzt, im Mai 1814, zog sie sich bei einer Ausfahrt mit dem Zaren eine Erkältung zu, der sie keine Beachtung schenkte. Sie bekam Schüttelfrost und Fieber, ein trockener Husten quälte sie, eine eitrige Angina gesellte sich dazu. Ihr Zustand verschlechterte sich rapid. Am Pfingstsonntag, dem 29. Mai 1814, starb sie. Sie stand im 51. Lebensjahr. Joséphine wurde in der Kirche Rueil-Malmaison begraben, wo ihr Leichnam noch heute ruht.

Napoleon erfuhr ihren Tod aus der Zeitung. Er schloss sich in sein Zimmer ein und war zwei Tage lang für niemanden zu sprechen. Joséphine Beauharnais war die einzige Frau gewesen, die er aus ganzem Herzen liebte.

Auch Marie Walewska, die Mutter seines ersten Sohnes, hielt Napoleon im Unglück die Treue. Sie stattete ihm vor seiner Verbannung nach Elba im Schloss Fontainebleau einen Besuch ab, der für sie allerdings höchst enttäuschend ablief. Napoleon, der mit seinem Schicksal haderte und seinen Gedanken nachhing, vergaß, dass ihm sein Kammerdiener Constant ihren Besuch gemeldet hatte, und ließ seine ehemalige Geliebte stundenlang warten. Erst in den Morgenstunden empfing er sie und führte ein kurzes Gespräch mit ihr. Die Gräfin nahm es ihm nicht übel. Wie sonst wäre es zu erklären, dass sie dem Ex-Kaiser einige Monate später auf der kleinen Insel im Tyrrhenischen Meer einen Besuch abstattete?

Der Verbannte, mit dem sie vorher Kontakt aufnahm, war mit ihrem Kommen einverstanden. „Marie", schrieb er ihr, „ich werde Sie mit dem Interesse begrüßen, das Sie stets in mir geweckt haben; und den Kleinen, von dem ich so viel Gutes gehört habe, werde ich mit Freuden umarmen. Adieu Marie, hundert Zärtlichkeiten. Napoleon."

Marie Walewska und ihre Begleitung (Schwester, Sohn und ein Offizier) legten am 1. September 1814 in einer unbewohnten Bucht Elbas an, wo sie von Bediensteten des Kaisers empfangen und in einer Kalesche in das Innere der Insel gefahren wurden.

Zum Ort der Begegnung hatte der Ex-Kaiser, der das Treffen geheimzuhalten versuchte, die Eremitage Madonna del Monte bestimmt. Napoleon ritt seiner Ex-Geliebten auf halbem Weg entgegen. Nach Erreichung des Reisezieles wurde spät nachts ein Abendessen serviert, ehe man sich zur Ruhe begab.

An den nächsten beiden Tagen, die die Gräfin auf der Insel zubrachte, zeigte sich der Welteroberer und Herzensbrecher von seiner besten Seite. Er war in ausgezeichneter Stimmung, herzte seinen kleinen, illegitimen Sohn und wagte mit der Mutter des Knaben zum Flötenspiel eines Gastes sogar ein kleines Tänzchen.

Bald hieß es dann voneinander Abschied nehmen. Er war nicht endgültig, wie beide wohl hätten annehmen können. Der Ex-Kaiser und seine Ex-Geliebte sahen einander noch einmal, allerdings auch nicht gerade in einer angenehmeren Situation.

Der ruhmsüchtige, kriegslüsterne Empereur versetzte Europa noch einmal in Angst und Schrecken, als er am 26. Februar 1815 nach zehnmonatigem Exil aus Elba entwich und mit ein paar Hundert Getreuen in Südfrankreich landete. Die Nachricht schlug in Wien, wo die Monarchen und Staatsmänner um die Neuordnung Europas rangen, wie eine Bombe ein.

Marie Louise, die ihrem Gemahl zu Beginn des Jahres in einem letzten Brief in „liebender Verbundenheit" viele Jahre des Glücks auf der einsamen Insel gewünscht hatte, war fassungslos.

In einer ähnliche Gemütslage befanden sich der Zar, der österreichische Kaiser, Metternich und all die anderen Kongressteilnehmer, die sich in Sicherheit gewiegt und mit einer solchen Überraschung nicht gerechnet hatten.

Für Marie Louise stand ihr persönliches Schicksal auf dem Spiel. Sie hatte sich von ihrem Gatten längst seelisch gelöst und war ihm untreu geworden. Für die Staatsmänner ging es um das Schicksal Europas.

Noch einmal, ein letztes Mal, zündete das kaiserliche Charisma. Die Soldaten, die man ihm entgegenschickte, schlossen sich ihm an, knappe drei Wochen nach seiner Landung in Südfrankreich trugen sie Napoleon auf ihren Schultern in die Tuilerien. Statt des Lilienbanners der Bourbonen wehte vom Königsschloss wieder die Trikolore, die dreifarbige Nationalflagge.

Zwei Tage nach seinem Einzug in Paris besuchte der Kaiser in Begleitung seiner Stieftochter Hortense Malmaison. Er ging hinauf in den Raum, in dem Joséphine gestorben war, und kam mit feuchten Augen zurück.

Napoleons wiedergewonnene Macht war nicht von langer Dauer. England, Preußen, Österreich und Russland erklärten nicht Frankreich, sondern dem Friedensbrecher persönlich den Krieg. In der Schlacht bei Waterloo im heutigen Belgien entschied sich am 18. Juni 1815 endgültig das Schicksal jenes Mannes, der in den vorangegangenen zwei Jahrzehnten Europa zum Objekt seiner größenwahnsinnigen Eroberungslust gemacht hatte. Noch vor dem Ende der letzten Schlacht, die er schlug, kehrte der Feldherr eilends nach Paris zurück.

Noch immer gab er nicht auf, versuchte er, seine Haut zu retten. Aber er musste bald einsehen, dass das weltpolitische Drama, das er inszeniert hatte, zu Ende war.

Am 22. Juni 1815 dankte er ab. Ein paar Tage später verließ er den Elysée-Palast, in dem er logiert hatte, und fuhr nach Malmaison hinaus, in das erinnerungsträchtige Schloss, in dem er so viele schöne Stunden und Tage verbracht hatte. Dort scharte er ein letztes Mal die Personen um sich, mit denen er blutsmäßig verbunden war: die Mutter, Marie Walewska und seine beiden unehelichen Söhne, Alexandre Walewski und Charles Léon Denuelle. Alexandre, der in der Ära Napoleons III. französischer Außenminister war, erinnerte sich später nur vage an die Begegnung mit seinem Vater.

Alles sei traurig und düster gewesen, merkte er in seinen Memoiren an, dem Papa sei eine Träne über die Wange gelaufen, als er ihn umarmte. Marie Walewska wollte Napoleons weiteres Schicksal teilen, aber der Kaiser lehnte ab. Er verließ am 29. Juni 1815 Malmaison in einer Kutsche und begab sich in die Hafenstadt Rochefort, wo sich einige Offiziere und Getreue zu ihm gesellten. Sie begleiteten ihn in das Exil auf die Atlantikinsel Sankt Helena, die die Sieger für ihn ausgewählt hatten. Nach menschlichem Ermessen konnte er von dort nicht mehr entfliehen, kein weiteres Unheil anrichten.

Insgesamt waren es ursprünglich um die fünfzig Personen, die mit ihm kamen, darunter vier Generäle mit Familie und zahlreiches Dienstpersonal: ein Geistlicher, ein Arzt, drei Kammerdiener, zwei Köche, ein Kutscher und ein Pferdeknecht.

Napoleon Bonaparte war während der mehrwöchigen Überfahrt guter Laune. Er wusste und war davon überzeugt, dass sein Name aus dem Buch der Weltgeschichte nicht gestrichen werden konnte. „Es gibt keine Unsterblichkeit außer der Erinnerung, die man im Gedächtnis der Menschen zurücklässt", hatte er einmal geäußert. Er begann auch gleich damit, seinen Beitrag dafür zu leisten, an seinem Mythos zu weben: er diktierte noch auf dem Schiff die ersten Kapitel seiner Memoiren, in denen er sich selbst und seine Taten heroisierte.

Am 17. Oktober 1815 legte das britische Linienschiff „Northumberland" auf Sankt Helena an.

Der letzte Abschnitt im abenteuerlichen Leben des französischen Ex-Kaisers ist angebrochen. Napoleon wird in „Longwood House", einem ehemaligen Bauernhaus in einem abgelegenen Teil der Insel, untergebracht, wo ihm zwei große und vier kleine Räume zur Verfügung stehen. Obwohl sein Aktionsradius beschränkt ist, hält er in den ersten Jahren seines Exils an der Fiktion seiner Kaiserherrlichkeit fest. Der Tagesablauf ist minutiös geregelt, die Etikette so streng wie am Bourbonenhof in Frankreich. Die Generäle tragen Uniform, die Damen erscheinen zu Empfängen in großer Toilette, die Diener servieren die Mahlzeiten livriert.

Seine Majestät erteilt mit dem Großkreuz der Ehrenlegion auf dem Frack Audienzen, diktiert seine Memoiren, redet und redet, hält endlose Monologe. Er erinnert sich mit erstaunlicher Genauigkeit an die kleinsten Begebenheiten, die auf seinen Feldzügen passiert sind, und erzählt General Bertrand auch so manche Einzelheit über sein Liebesleben.

Die Fama will wissen, dass er auch auf Sankt Helena Liebschaften mit den Ehefrauen der Generäle Montholon und Bertrand unterhalten hat. Aber das ist aus mancherlei Gründen doch eher unwahrscheinlich. Über seine beide Ehefrauen urteilt er widersprüchlich.

Joséphine tadelt er wegen ihrer Verlogenheit und Verschwendungssucht, Marie Louise kommt in seinem rückblickenden Urteil besser weg. Er hat nicht erfahren, bestenfalls geahnt, dass die Habsburgerin, die offiziell noch immer seine Frau ist, ihn mit ihrem „Ehrenkavalier" betrügt. Sie hat dem Grafen Adam Adalbert Neipperg in Parma, in dem ihr vom Wiener Kongress zugeteilten herzoglichen Herrschaftsgebiet, zwei Kinder geboren: eine Tochter (1817) und einen Sohn (1819), deren Existenz selbst vor dem Kaiser in Wien geheimgehalten wird.

Der Verbannte auf der fernen Atlantikinsel denkt nur ab und zu an seine Frau. Er erträgt das eintönige Leben, die Enge der Verhältnisse von Jahr zu Jahr schwerer. Mit seiner Gesundheit geht es stetig bergab. Er schläft schlecht, Rheuma und Schwindelanfälle plagen ihn, der Magen behält die Nahrung nicht mehr.

Napoleon Bonaparte verfasst ein Testament, in welchem er seinem Sohn, dem „König von Rom", alles vermacht, was er noch besitzt, und seine „vielgeliebte Gattin" verpflichtet, sich um ihn zu kümmern und nicht zu vergessen, dass er als französischer Prinz zur Welt gekommen sei. Am 5. Mai 1821 beendet der einst so Gefürchtete und viel Bewunderte im 52. Lebensjahr sein Erdenleben.

Marie Louise erfährt von dem Tod ihres Gemahls zweieinhalb Monate später aus einer italienischen Gazette. „Obgleich ich keinerlei großes Gefühl für ihn empfand, kann ich nicht vergessen, dass er der Vater meines Sohnes ist", schreibt sie einer Jugendfreundin. Ihr eheähnliches Verhältnis mit Neipperg und die beiden Kinder von ihm erwähnt sie mit keinem Wort. Sie lässt für Napoleon einen Trauergottesdienst abhalten, dem nur sie und ihr Hofstaat beiwohnen. Das übliche Trauerjahr negiert sie. Am 8. August 1821 heiratet sie in aller Stille ihren langjährigen Gefährten.

Im Oktober 1821 trifft der letzte Leibarzt des Kaisers, ein Italiener namens Antommarchi, in Parma ein. Er teilt der Herzogin mit, daß ihr Napoleon in letztwilliger Verfügung sein Herz zugedacht hat. Erschrocken lehnt Maria Louise es ab, das Organ, das einmal auch für sie geschlagen hat, in ihrer Residenzstadt beisetzen zu lassen. Von diesem Aspekt her betrachtet, hat auch das Liebesleben Napoleon Bonapartes einen tragischen Abschluss gefunden.

LIEBHABER VON
STAATSMÄNNISCHER WELTKLASSE

Clemens Wenzel Lothar Fürst Metternich

Clemens Wenzel Lothar Metternich war einundzwanzig Jahre alt, als er im Herbst 1794 mit seinen Eltern in die Hauptstadt der Donaumonarchie kam, von deren politischem Nervenzentrum aus seine Staatskunst dereinst die Welt umspannen sollte. Aber das stand damals noch in den Sternen.

Metternich war Rheinländer, er wurde am 15. Mai 1773 in Koblenz geboren. Sein Vater Franz Georg war Reichsgraf und stand in kaiserlichen Diensten. Behäbig, von umständlicher Pedanterie und nicht gerade hoch begabt, hielt er auf Standesbewusstsein. Seine beiden hervorragendsten Charakterzüge, eine pfauenhafte Eitelkeit und eine unbändige Lebenslust, erbte Clemens, das zweitälteste von insgesamt vier Kindern, die ihm seine Gattin Maria Beatrix schenkte. Sie war ihrem Gatten geistig weit überlegen, hübsch, klug, charmant, ehrgeizig und in der Familie tonangebend. Alle diese Eigenschaften und dazu ihr gefälliges Äußeres einschließlich der scharfgeschnittenen Gesichtszüge und der prägnanten Hakennase waren ihr psychisches und physisches Erbteil, von denen der von der Mutter verhätschelte Sohn sehr früh und zeitlebens ausgiebig Gebrauch machte.

Das von der Natur mit so glänzenden Gaben ausgestattete Kind wuchs im gepflegten aristokratischen Milieu auf, eignete sich vorzügliche Umgangsformen an, lernte, sich in vornehmer

Gesellschaft zu bewegen, gewandt (zumeist auf Französisch) zu parlieren, zu gefallen und gefällig zu sein. Vor allem die Damen fanden an dem reizenden kleinen Kavalier Gefallen und gaben ihrem Entzücken freimütigen Ausdruck. War er nicht putzig, bildhübsch und so furchtbar artig, der junge Metternich? Das förderte sein Selbstbewusstsein, seine Selbstverliebtheit, seine Arroganz, seine Rechthaberei – Charakteristika, die viele seiner Gesprächspartner und Mitarbeiter später schwer zu ertragen fanden.

Zum familiären Ambiente gesellte sich die standesgemäße Erziehung durch einen Hauslehrer, von denen einer ganz im Gegensatz zur zeitgenössischen Pädagogik großen Wert auf körperliche Ertüchtigung legte. Er unternahm mit seinem Schützling lange Wanderungen und nächtigte mit ihm im Freien. Dieses Abhärtungsprogramm in Verbindung mit genetischen Komponenten ist die Erklärung dafür, dass das Muttersöhnchen mit dem feminin verfeinerten Gehabe bis in das hohe Alter Krankheiten gegenüber eine zähe Widerstandskraft entwickelte.

Ein gebildeter, standesbewusster, weltgewandter junger Herr von fünfzehn Jahren bezog 1788 die Universität Straßburg. Von dort nahm er nach zwei Jahren zwei Grundüberzeugungen mit ins Leben, die zu den Grundpfeilern seines politischen Credos wurden: die von einem Rechtsprofessor ventilierte Lehre vom Gleichgewicht der europäischen Mächte und seine abgrundtiefe Abscheu vor den zerstörerischen Kräften der Revolution. Der junge Student musste mit ansehen, wie im Juli 1789 eine blindwütige Menschenmenge das Straßburger Rathaus stürmte und plünderte. Es war ein politisches Schlüsselerlebnis, das sein Denken und Handeln als Diplomat und Staatsmann prägte.

Das Gegenstück dazu war im Jahr 1790 die Kaiserkrönung Leopolds II. in Frankfurt am Main, an der er als Zeremonienmeister des westfälischen Grafenkollegiums im kleidsamen Kostüm der Malteserritter teilnahm. Die Zurschaustellung majestätischer Würde, der höfische Prunk und das pompöse Zeremoniell beeindruckten den Siebzehnjährigen tief.

Von Straßburg, wo der Studiosus mehr in den Salons als im Studierzimmer zu finden war, übersiedelte Clemens nach Mainz. In den vier Jahren, die er in der kurfürstlichen Stadt zubrachte (1790-1794), festigte und vertiefte er sein bereits vorgeprägtes geistiges Weltbild, verfeinerte seinen Lebensstil und machte seine erste Bekanntschaft mit den Vergnügungen der Erotik.

Mainz war damals voll mit adeligen Emigranten aus Frankreich, die vor der Revolution geflohen waren. Die erste Venus, die ihm in die Arme lief, stammte aus diesen Kreisen. Er lernte die junge, charmante Französin, die trotz ihrer achtzehn Jahre bereits seit drei Jahren verheiratet war, in Brüssel kennen, wo der Vater als bevollmächtigter Minister für die österreichischen Niederlande tätig war.

Marie Constance de Caumont La Force brachte also Liebeserfahrung in die Beziehung mit, und Metternich war gewiss ein gelehriger Schüler. Die Nächte gehörten dem ungeliebten Gatten. Aber tagsüber zog sie die Gesellschaft des hübschen deutschen Adeligen vor. „Ich liebte sie, wie ein Jüngling eben liebt ... ich lebte nur für sie und mein Studium. Sie, die nichts Besseres mit sich anzufangen wusste, liebte mich von morgens bis abends", erinnerte er sich später an seine erste große Liebe, die ein paar Jahre dauerte und mit der er in Briefkontakt blieb.

Das klingt platonisch, aber man darf das nicht für bare Münze nehmen. Metternich nahm es in Liebesdingen mit der Wahrheit nicht so genau. Auch dass er nur für sein Studium lebte, wird man nicht ganz wörtlich nehmen dürfen. Jedenfalls galt sein Interesse auch den politischen Vorgängen im revolutionären Frankreich. Er verfasste antirevolutionäre Aufrufe und Pamphlete, die recht blutrünstig klangen und mit dem Überschwang jugendlicher Unbekümmertheit zu erklären sind.

Im Frühjahr 1794 verschaffte ihm der Vater die Gelegenheit, in Begleitung eines befreundeten Diplomaten nach England zu reisen. Clemens lernte auf der Insel eine neue politische Welt kennen. Er traf auf einem Empfang König Georg III., kam in Berührung mit einflussreichen Persönlichkeiten der britischen Hocharistokratie, wohnte Parlamentsdebatten bei und besichtigte in Portsmouth die Hafenanlagen und die dort vor Anker liegende britische Kriegsflotte. Der sechs Monate dauernde Aufenthalt im Mutterland der Demokratie machte ihn um einige Erfahrungen reicher. Er bewunderte, wenn auch mit Einschränkungen, zeitlebens das Land und sein politisches System.

Von den Damen war er wenig angetan. Er fand sie nicht sehr attraktiv und ihre Konversation schal und oberflächlich.

Als er im September 1794 auf den Kontinent zurückkehrte (das Schiff geriet während der Überfahrt in einen Sturm und wäre bald untergegangen), war Brüssel in den Händen der Franzosen. Kurze Zeit später musste die österreichische Armee fast das ganze linke Rheinufer räumen. Die Metternichschen Besitzungen in und um Koblenz gingen verloren. Die Familie floh Hals über Kopf nach Wien. Der erste große Abschnitt im Leben des jungen Grafen war zu Ende.

In der mauerumgürteten Kaiserstadt mit ihren schönen Kirchen und prachtvollen Adelspalästen sind die Metternichs nicht gerne gesehen. Sie sind Zugewanderte, Fremde. Die Hocharistokratie blickt auf den erfolglosen Diplomaten hochmütig herab. Die Gräfin Maria Beatrix Metternich, die einer angesehenen Familie entstammt, kennt allerdings ein paar einflussreiche Damen der Wiener Gesellschaft, unter ihnen Beatrix Öttingen-Spielberg, eine Schulfreundin, die Schwiegertochter des berühmten Staatskanzlers Maria Theresias, Wenzel Anton Fürst Kaunitz-Rietberg. Diese Beziehung lässt sie jetzt spielen. Fürst Ernst Kaunitz hat zwar nicht die großen diplomatischen Fähigkeiten seines Vaters geerbt, aber er ist eine hochgeschätzte Persönlichkeit und dazu steinreich. Wie wäre es, wenn sie ihren Clemens mit Eleonore, der einzigen Tochter der Kaunitz, zusammenbrächte? Lorel, wie man sie im Familienkreis nennt, ist zwar nicht hübsch, aber das spielt keine Rolle. Hauptsache, sie ist eine gute Partie. Und das ist sie ohne Zweifel. Wenn sie eine Ehe zwischen ihrem Hätschelsohn und ihr zustande bringt, dann stehen ihrem geliebten Clemens alle Wege offen, dann ist er ein gemachter Mann.

Clemens Wenzel Lothar Fürst Metternich, Gemälde von Sir Thomas Lawrence
Maria Eleonore Kaunitz, Gemälde von Eduard Stroehling

Die Gräfin arrangiert einen Besuch bei den Kaunitz, und der berühmte Funke springt sofort über. Der gutaussehende, elegante junge Kavalier aus dem Rheinland macht auf die Tochter des Hauses einen überwältigenden Eindruck. Sie verliebt sich in ihn buchstäblich auf den ersten Blick.

Clemens ist von Lorel enttäuscht. Er hat sie sich doch ein wenig attraktiver vorgestellt. Aber er ist geschickt und welterfahren genug, um es sich nicht anmerken zu lassen.

Es bedarf dann einiger Überredungskunst der Mutter und der Überwindung gewisser Vorurteile beim Vater des Mädchens, ehe die Verbindung zustande kommt. Lorel leistet dazu übrigens ihren ganz persönlichen Beitrag. Sie ist initiativ, es fehlt ihr auch nicht an Anmut und Intelligenz, wie der Brautwerber bald bemerkt. Über die Meinung der hocharistokratischen Nasenrümpfer, die von einer Mesalliance sprechen, setzt sie sich leichten Herzens hinweg.

Am 27. September 1795 wird in der Kapelle des Schlosses Austerlitz, der Sommerresidenz der Kaunitz in Böhmen, Hochzeit gefeiert. Der junge Graf aus dem Rheinland hat in die österreichische Hocharistokratie eingeheiratet. Man muss das besonders betonen. Diese Heirat öffnete ihm die Tür, den Zutritt zu den einflussreichen Kreisen der Habsburgermonarchie. Sie war das Sprungbrett für eine steile, einmalige Karriere, die innerhalb von fünfzehn Jahren bis zur Spitze des Staats führte, zu den Hebeln der Macht, die Metternich dann auch souverän zu handhaben wusste. Freilich gehörten auch Qualitäten wie Weltgewandtheit, Anpassungsfähigkeit, geistige Elastizität, diplomatische Raffinesse, aalglatte Geschmeidigkeit und politisches Feingefühl dazu. Bei Clemens Metternich fehlte es daran nicht.

Nach seiner Verehelichung lebt der Bonvivant zunächst in den Tag hinein, frönt seinen Neigungen. Er steht spät auf, beschäftigt sich mit naturwissenschaftlichen und medizinischen Fragen und Problemen und verplaudert die Abende in den Salons. Er hält sich auch viel in Böhmen auf. Gegen Wien hat er eine Abneigung. Erst im Dezember 1797 eröffnet sich ihm ein neues Betätigungsfeld. Sein Vater wird als bevollmächtigter Minister des Kaisers zum Kongress nach Rastatt, der Residenz des Markgrafen von Baden, entsandt, wo nach der militärischen Niederlage Österreichs gegen die unter der Führung Napoleons stehende französische Armee über heikle Entschädigungsfragen jener deutschen Fürsten verhandelt werden soll, die ihre linksrheinischen Besitzungen verloren haben. Er nimmt den Sohn als Privatsekretär in die Stadt am Oberrhein mit.

Clemens fällt es schwer, sich von seiner Frau zu trennen. Lorel hat im Januar ein Mädchen zur Welt gebracht, das er „zum Fressen" gern hat, und sie ist wieder schwanger. (Insgesamt schenkte sie ihrem Mann sieben Kinder, von denen zwei bald nach der Geburt starben und drei keine dreißig Jahre alt wurden. Lediglich die beiden jüngsten, Leontine und Hermine, überlebten die Eltern).

Der junge Ehemann schreibt seiner Gattin aus Rastatt unzählige Briefe. Sie sind voll von Liebesschwüren und großen, pathetischen Worten. „Ich kann nicht leben ohne Dich", heißt es da etwa. „Jeder Augenblick erscheint mir wie ein Jahrhundert, ich sehe Glück nur in den Armen meiner ausgezeichneten kleinen Frau, umgeben von meinen guten Kindern." Und ein andermal: „Ich denke nur daran, Dich zu küssen, oben, unten und von allen Seiten … Ja, meine gute kleine Frau, Du bist alles, was ich in der Welt am meisten liebe, und ich werde niemals eine andere lieben."

Ob er das wirklich ernst gemeint hat? Schwer zu sagen. Von ehelicher Treue hatte Clemens Metternich jedenfalls eine ganz eigene persönliche Auffassung. Seine junge Frau musste das schon bald zur Kenntnis nehmen.

In Rastatt gibt es für Metternich wenig Arbeit, aber dafür umso mehr gesellschaftliche Ablenkungen: Diners, Soupers, Soireen, Bälle, über die er nur en passant und abfällig nach Wien berichtet. Auf diesen Veranstaltungen sind nicht nur „alte Vetteln" anzutreffen, wie er seiner Frau vormacht, sondern hübsche, bezaubernde Damen, die mit ihren Reizen nicht geizen und dem schönen Rheinländer zu verstehen geben, dass er ihnen sympathisch ist.

Clemens Metternich greift zu. Was ist schon dabei, wenn man sich mit dem einen oder anderen dieser verführerischen Geschöpfe ein wenig vergnügt.

Lorel, die im Juni 1798 nach der Geburt ihres zweiten Kindes auf eigenen Wunsch nach Rastatt gekommen ist, muss zur Kenntnis nehmen, dass Clemens das lockere Leben, an das er sich gewöhnt hat, weiter führt. Sie nimmt es hin, gewöhnt sich daran. Clemens ist eben so. Sie verzeiht ihm diese flüchtigen Begegnungen.

Jetzt und auch später. Wichtig ist, dass er sie liebt, dass die Ehe nicht nur dem Namen nach weiter besteht.

Mitte März 1799 kehrt das Ehepaar nach Wien zurück. Lorel bringt am 10. Juni einen Sohn zur Welt, der bald nach der Geburt stirbt, am 3. Dezember müssen die Eltern auch vom erstgeborenen Sohn, dem zweijährigen Franz, Abschied nehmen. Der Mutter setzen diese Schicksalsschläge seelisch und körperlich schwer zu. Der Vater kommt leichter darüber hinweg. Tiefe Empfindungen sind seine Sache nicht. Er verbringt die Sommermonate auf den Familiengütern in Böhmen und Mähren und verkehrt im Winter in den Salons der Fürstin Eleonore Liechtenstein und der Gräfin Rombeck, wo der Herzensbrecher und blendende Unterhalter ein gern gesehener Gast ist. Die beiden einflussreichen Damen sind es dann auch, die ihm im Verein mit Graf Ludwig Cobenzl, dem neuen Außenminister, einen Gesandtenposten verschaffen. Er kann sich sogar einen aussuchen. Kopenhagen wird ihm angeboten, Dresden oder eine Ministerschaft beim Reichstag in Regensburg. Metternich entscheidet sich für Dresden.

Das neue Gesandtenpaar wird Anfang November 1801 vom sächsischen Kurfürsten Friedrich August I. herzlich willkommen geheißen. Clemens Metternich fühlt sich im barocken Dresden mit seinen schönen Palästen, seinen herrlichen Gartenanlagen und seinen Theatern sogleich wohl. Am Dresdener Hof ist noch alles beim alten. Hier werden noch barocke Umgangsformen gepflegt, spielt die Etikette eine dominierende

Rolle, ist der Reifrock noch nicht abgeschafft, die Zeit stehen geblieben, wie der Gesandte ein wenig überrascht feststellt.

In der Metropole des Kurfürsten von Sachsen tummeln sich auch schöne Frauen, die Clemens natürlich sofort ins Auge stechen. Eine davon ist die Fürstin Katharina Pawlowna Bagration. Die geborene Gräfin Skawronski ist neunzehn Jahre alt und seit zwei Jahren mit einem viel älteren, wegen seiner Tapferkeit angesehenen russischen General verheiratet, den sie jedoch nicht zu beglücken geneigt ist. Jungen Männern gegenüber ist die zierliche, kokette junge Dame hingegen alles andere als zugeknöpft. Ihre tiefen Dekolletés, die nicht nur den Blick auf den schönen runden Hals freigeben, sind in Dresden Tagesgespräch und tragen ihr den Beinamen „nackter Engel" ein. Der sinnenfreudige Diplomat von Beruf und Liebhaber von Gottes Gnaden kann an einem solchen Geschöpf natürlich nicht vorbeisehen, schon gar nicht vorbeigehen. Im Vergleich zu seiner Frau, der der Kummer über den Verlust der Kinder und die Blässe einer Lungenkrankheit ins Gesicht geschrieben steht, ist die russische Fürstin das pralle Leben. Sie ist frisch wie ein heiterer Frühlingsmorgen, attraktiv, von erotischem Reiz. Clemens Metternich erobert sie im Sturm. Es bedarf keiner Rechenkünste, um festzustellen, dass es zwischen den beiden schon kurz nach Metternichs Ankunft in Dresden „gefunkt" haben muss. Denn bereits im September 1802 bringt die Fürstin eine Tochter zur Welt, deren Vaterschaft man dem Gatten nicht zurechnen kann. Er war zu dem in Frage kommenden Zeitpunkt für längere Zeit auf Reisen. Die Bagration macht sich auch gar nicht die Mühe, zu verheimlichen, von wem ihr Kind stammt. Sie lässt das Mädchen Clementine taufen.

Der Säugling wird Pflegeeltern zur Betreuung und Erziehung überantwortet. Clementine heiratet später einen Grafen Otto Blome und stirbt neunundzwanzigjährig im Kindbett. Die noble Lorel hielt mit ihr Kontakt und hat dem treulosen Gatten dann und wann über ihr Befinden berichtet, wenn er wieder einmal aus Gründen der Staatsräson von ihr getrennt war. Die Liaison mit der Fürstin Bagration nimmt sie hin, zumal

Fürstin Bagration und Metternich, Pariser Karikatur

Clemens auch auf sie im Bett nicht vergisst. Schon ist sie wieder schwanger.

Der Herr Gesandte begegnet in Dresden auch einer anderen jungen Frau, die dem Grandseigneur, der er nun einmal ist, offen ihre Bewunderung zeigt: Wilhelmine von Sagan. Am 8. Februar 1781 geboren, ist sie ungefähr so alt wie Metternichs Geliebte und ebenfalls bereits mit einem Mann verheiratet, den sie nicht liebt: mit dem Prinzen Julius Rohan, der einer respektablen französischen Adelsfamilie entstammt.

Wilhelmine ist die älteste Tochter des Herzogs von Kurland, Peter I., der 1795 seine Herrschaftsrechte gegen eine hohe jährliche Rente an Russland abgetreten und das schlesische Herzogtum Sagan erworben hat. Sie ist reich. Sie hat den Vater, der zu Beginn des Jahres 1800 verstorben ist, beerbt. Aber sie hat auch große körperliche und menschliche Vorzüge. Sie ist groß und schlank, hat wunderschöne, ausdrucksvolle Augen und ist zudem auch noch klug. Metternich ist von ihr hingerissen. Zu einer intimen Beziehung zwischen den beiden kommt es jedoch nicht. Das bleibt einer späteren Zeit vorbehalten. Er hat seine Gattin und die Bagration. Mehr als zwei Frauen am gleichen Ort und zur gleichen Zeit will er sich doch nicht zumuten.

Geht der kaiserliche Gesandte in Dresden nur seinen eigenen Vergnügungen nach? Natürlich nicht. Er schreibt lange Berichte nach Wien, in denen er sich als Meister der verklausulierten Diplomatensprache erweist, die auf viel Papier wenig aussagt. Im Außenministerium ist man mit seiner Tätigkeit zufrieden.

In die Dresdener Zeit fällt auch eine Männerbekanntschaft, die sich in den nächsten Jahrzehnten als äußerst vorteilhaft und fruchtbringend erweisen wird. Im Sommer 1802 lernt Clemens Metternich den politischen Publizisten Friedrich Gentz kennen, mit dem ihn bald eine enge Freundschaft verbindet.

Gentz hat mit Metternich so manches gemeinsam. Er teilt mit ihm seine konservative Weltsicht und ist wie er ein Liebhaber des weiblichen Geschlechts. Gentz ist zwar nicht schöpferisch begabt, aber er hat einen klaren, messerscharfen Verstand, ist geistreich, ein Stilist von hohen Graden, und ein Meister der

Formulierungskunst. Der gebildete, charmante Schöngeist, der in den Salons zu Hause und hinter jedem Kittel her ist, ist ein extravaganter Genussmensch. Er wirft das Geld mit vollen Händen beim Fenster hinaus, ist ständig in Geldnöten und daher der Bestechlichkeit ausgeliefert. Kaiser Franz stellt den preußischen Bonvivant in seine Dienste, und Metternich wird die schriftstellerische Begabung dieses Mannes zum gegebenen Zeitpunkt zu nutzen wissen. Vorerst aber ist seine Zeit in Dresden abgelaufen.

Die nächste Station in seiner Diplomatenlaufbahn ist Berlin, wo er mit seiner Gattin im November 1803 eintrifft und so wie in Dresden vom Preußenkönig Friedrich Wilhelm III. und seiner Gattin Luise mit offenen Armen empfangen wird. Berlin ist ganz anders als Dresden. Das Stadtbild ist von nüchterner Modernität geprägt, bei Hof weht ein militärischer Wind, auf den Bällen geht es steif zu, in den Salons herrscht die Langeweile vor. Metternich trifft hier die aparte Wilhelmine von Sagan wieder, aber die Begegnung bleibt platonisch.

Ist der Frauenheld plötzlich monogam geworden? Nein, nein, ganz und gar nicht. Obwohl ihm die Gesundheit seiner Frau ernsthafte Sorgen bereitet – sie bringt am 30. August 1804 ihr fünftes Kind zur Welt –, hält er es auch in Berlin nicht ohne Geliebte aus. Diesmal muss die arme Lorel die Liebe ihres Gemahls mit der Gattin des russischen Militärattachés teilen. Die Annäherungsversuche der berühmten französischen Schriftstellerin Madame de Staël, in deren Salons er viel verkehrt, weist er hingegen zurück. Madame ist ihm zu männlich, zu sehr Blaustrumpf.

In seinen Berliner Jahren schlägt die Weltgeschichte Purzelbäume, ohne dass er das im geringsten zu beeinflussen vermag. Napoleon Bonaparte, siegreicher Feldherr in allen bisherigen Kriegen, macht sich 1804 zum Kaiser der Franzosen. Der römisch-deutsche Kaiser Franz II. nimmt im gleichen Jahr als Franz I. die erbliche österreichische Kaiserwürde an, ohne sich krönen zu lassen. 1805 bricht der dritte Koalitionskrieg aus, der mit der totalen Niederlage der verbündeten Österreicher und Russen gegen die Franzosen bei Austerlitz endet. Der Sieger, der im nahe gelegenen Kaunitz-Schloss sein Hauptquartier aufgeschlagen hat, ruht sich nach der Schlacht in Metternichs Bett aus.

Der Gesandte in Berlin hat die ihm gestellte Aufgabe, Preußen auf die Seite Österreichs zu ziehen, nicht erfüllen können. Er ist gescheitert und kehrt nach Wien zurück. Es hätte das Ende seiner Diplomatenlaufbahn bedeuten können. Aber Clemens Metternich ist ein Sohn des Glücks. Der Kaiser der Franzosen wünscht sich ihn als Vertreter des besiegten Habsburgerreiches in Paris. Er ahnt nicht, dass er innerhalb eines knappen Jahrzehnts der diplomatischen Kunst dieses Mannes zum Opfer fallen wird.

Kaiser Franz ernennt Clemens Metternich mit dem ungewöhnlich hohen Jahresgehalt von 30 000 Gulden zum Gesandten in Paris. Er soll eine Aussöhnung, zumindest eine Annäherung zwischen dem Habsburgerreich und Frankreich zustande bringen. Es ist eine höchst delikate und schwierige Aufgabe.

Metternich macht sich im Juli 1806 auf die Reise. Seine Frau und die Kinder nimmt er diesmal nicht mit. Am 10. August überreicht er dem Kaiser der Franzosen im Schloss Saint-Cloud westlich von Paris sein Beglaubigungsschreiben. Der große Ländereroberer und der große Bezwinger der Frauenherzen stehen einander zum erstenmal Aug in Aug gegenüber. Hier der kratzbürstige Emporkömmling mit den ungehobelten Manieren, der (auch) bei dieser Unterredung den Hut aufbehält, da der gepflegte Höfling mit den ausgesucht feinen Umgangsformen. Was mögen sie in ihrem Innersten füreinander empfunden haben?

Von Paris ist Metternich beeindruckt. Es ist zum Vergleich zu Wien eine Weltstadt mit gefälligen Avenuen, eindrucksvollen Plätzen, schönen Palästen inmitten herrlicher Gartenanlagen. Auch das Hofleben nötigt ihm Respekt ab. „Es ist unmöglich, einen großartigeren und glänzenderen Hof zu sehen", schreibt er seiner Gattin und bittet sie, nachzukommen. Er könne nicht lange ohne sie sein, er habe buchstäblich Hunger und Durst nach ihr.

Das sind nichts weiter als Floskeln. Lorel weiß das. Auch in der französischen Hauptstadt wird die Liebe ihres Mannes nicht ihr allein gehören, sie wird vieles in Kauf nehmen müssen. Aber sie hat sich daran gewöhnt und sogar Verständnis dafür. „Ich kann nicht verstehen", äußert sie einmal, „wie eine Frau Clemens widerstehen kann." Es sind in der Tat auch nur wenige gewesen.

Als sie in der Stadt an der Seine ankommt, ist der Gatte längst voll in die Pariser Gesellschaft integriert. Er hat in der Comédie Française Mademoiselle Joséphine George kennengelernt, die ihm so manches interessante Detail über Napoleon erzählt, dessen Geliebte sie kurze Zeit gewesen ist. Auch Metternichs Flirt mit ihr ist nur von kurzer Dauer. Sobald sie als Informationsquelle nicht mehr zu gebrauchen ist, wendet er sich anderen, ergiebigeren Nachrichtenübermittlerinnen zu. Und das ist ja auch das Hauptargument und der Entschuldigungsgrund für seine Untreue gegenüber seiner Frau und der Nachwelt: dass er seine Bekanntschaften für seine diplomatische und politische Tätigkeit dringend benötige. Wenn sich die Notwendigkeit mit dem Vergnügen paart, umso besser.

In den Pariser Salons ist der elegante, unterhaltsame Kavalier aus Wien ein willkommener Gast. Napoleon sieht es ungern. Weiß man, was der geschmeidige Clément, der die Kunst der Verstellung perfekt beherrscht, in seinem rastlos arbeitenden Diplomatengehirn alles ausbrütet?

Er beauftragt seine Schwester Caroline Murat, Monsieur l'Ambassadeur, den Herzensbrecher, ein wenig auszuhorchen. Es ist kein besonders guter Einfall. Denn Caroline ist zwar klug, aber der Raffinesse des gefinkelten Gesandten keineswegs gewachsen. Statt dass sie ihn aushorcht, horcht er sie aus. Metternich und die österreichische Politik profitieren von der Liaison, die sich zwischen den beiden bald entspinnt, mehr als Frankreich und dessen Kaiser. Es ist überhaupt ein seltsames Liebesspiel, das sich da vor den Augen der amüsierten Hofgesellschaft ereignet. Caroline Murat, ihres Gatten längst überdrüssig, unterhält ein Verhältnis zu General Andoche Junot, den Gouverneur der Hauptstadt, und dessen hübsche, temperamentvolle Gattin Laurette hinwiederum ist mit Metternich verbandelt, den sie anbetet.

Die beiden Damen sind einander natürlich spinnefeind, und der gewiefte, erfahrene Liebhaber muss aufpassen, dass er zwischen den zwei Amouren nicht zerrieben wird. Schließlich hat er auch noch eine Frau, die er nicht völlig vernachlässigen kann. Metternich zieht sich scheinbar ohne größere Blessuren aus dieser Affäre. Lorel hat diesmal Mühe, zu den Seitensprüngen ihres Mannes ein freundliches Gesicht zu machen. Doch wer den Schaden hat, hat bekanntlich auch den Spott. „Nun, wir werden alt, wir magern ab, wir werden hässlich", schleudert ihr der manierlose Rohling aus Korsika bei guter Gelegenheit mit erbarmungsloser Kaltschnäuzigkeit ins Gesicht.

In der Liebe ist Clemens Metternich in Paris äußerst erfolgreich. Diplomatisch gelingt ihm wenig. Noch wird die Weltpolitik nicht von ihm gemacht, hängt er am Gängelband des Wiener Außenministeriums. Dort hat seit 1806 der erklärte Feind Frankreichs und Napoleon-Gegner Graf Johann Philipp Stadion das Sagen. Stadion plant mit Russland und Preußen, die er auf seine Seite zu ziehen hofft, einen neuerlichen Waffengang gegen Napoleon. Er wird dabei von Ludovica, der dritten Gemahlin Kaiser Franz' I., eifrigst unterstützt. Die Warnungen seines Gesandten in Paris schlägt er in den Wind.

Im März 1809 gibt es wieder Krieg, und die militärischen Operationen laufen im Großen und Ganzen wieder so ab, wie man es in Europa bereits gewohnt ist. Der große Stratege erscheint auf dem Schlachtfeld und besiegt seine Gegner. Auch wenn er diesmal bei Aspern seine erste militärische Niederlage in einer offenen Feldschlacht einstecken muss, am Ende bleibt er obenauf. Kaiser Franz I. muss einen demütigen Frieden schließen, der Österreich durch massive Gebietsverluste seiner Großmachtstellung beraubt.

Clemens Metternich ist unterdessen unter französischer Bewachung im Austausch gegen den französischen Geschäftsträger

nach Wien zurückgekehrt. Seine Gemahlin, für die der Polizeidirektor von Paris bereits einen Pass ausgestellt hat, nimmt er
nicht mit. Die Kaiserstadt an der Donau ist nach einer kurzen
Beschießung in den Händen des Feindes. Metternich wird in
einer Villa in der Nähe von Hetzendorf interniert, darf sich aber
bald wieder frei bewegen.

Trotz der militärischen Niederlage oder gerade deswegen
schlägt nun seine große Stunde. Graf Stadion legt sein Amt
zurück, der Kaiser betraut Metternich als dessen Nachfolger mit
der Leitung der Staatskanzlei. Die Geschicke des Habsburgerreiches werden ab diesem Zeitpunkt von einem Mann bestimmt,
der das ganze Vertrauen des Monarchen genießt und sich das
politische Ziel setzt, die vorrevolutionäre staatliche Ordnung in
Europa wiederherzustellen. Er redet allerdings nicht davon. Das
wäre töricht. Aber diese Idee lebt in seinem Herzen, alle seine
diplomatischen Erwägungen und Schritte sind ihr untergeord-
net. Seine Frau in Paris erfüllt seine Rangerhöhung mit Stolz. Sie
ist trotz aller ehelichen Unbill glücklich.

Als Clemens Metternich 1809 die Leitung der österreichischen
Außenpolitik übernimmt, ist die Habsburgermonarchie politisch wie wirtschaftlich am Tiefpunkt ihrer Entwicklung angelangt. Niemand weiß das besser, sieht das klarer als er. Der Mann
der Stunde ist Napoleon. Unter seiner Führung ist Frankreich
zur Vormacht Europas geworden. Daran ist vorläufig nicht zu
rütteln. Einen Gegner, der stärker ist als man selbst, muss man
sich zum Freund machen. Ihn zu reizen, ihn herauszufordern,
ist sinnlos und obendrein dumm.

Von dieser Überlegung ausgehend, vollzieht Metternich einen
Schwenk in der österreichischen Außenpolitik. „Die Sicherheit
Österreichs ist nur in der Anschmiegung an das triumphierende
französische System zu suchen", erklärt er dem Monarchen.
Franz I. leuchtet das ein. Es bleibt ihm auch gar nichts anderes
übrig. Metternich setzt sogleich einen Akt der Versöhnung und
greift in altbewährter habsburgerischer Tradition zum Mittel der
Heiratspolitik. Der am Höhepunkt seiner Macht stehende Kai-

ser der Franzosen hat angedeutet, dass er seine langjährige Ehe mit Joséphine Beauharnais beenden und in ein europäisches Herrscherhaus einheiraten möchte. Der gefinkelte Diplomat ergreift sofort die Initiative. Gegen zahlreiche Widerstände im In- und Ausland und mit Hilfe seiner Frau, die noch immer in Paris weilt und dort den Boden aufbereiten hilft, setzt er die Heirat Napoleons mit Marie Louise, der ältesten Tochter des Kaisers, durch. Die Betroffene, neunzehnjährig, gesund, freundlich, bescheiden und nicht besonders klug, fügt sich in ihr Schicksal.

Metternich ist ein diplomatisches Meisterstück gelungen. Er hat innerhalb weniger Monate den Habsburgerstaat wieder in das wechselvolle Spiel der europäischen Politik eingegliedert und ihm eine dringend notwendige Atempause zur Sammlung seiner inneren und äußeren Kräfte verschafft.

Zufrieden kehrt er mit seiner Frau und den Kindern nach halbjähriger Abwesenheit von Paris nach Wien zurück. Er setzt auf Zeitgewinn, auf Abwarten, auf Taktieren. Im nächsten Jahrfünft, zwischen 1810 und 1815, liefert Clemens Metternich eine diplomatische Meisterleistung nach der anderen. Wie seine Lieblingstiere, die Spinnen, knüpft er Fäden hierhin und dorthin, verhandelt, laviert, schmeichelt, weicht aus. Am Bündnis mit Frankreich hält er fest. Österreich stellt 1812 für den Russlandfeldzug Napoleons ein Hilfscorps von 30 000 Mann zur Verfügung.

Nach dem Fiasko der Grande Armée verbündet sich Preußen mit Russland. Zar Alexander I. und Friedrich Wilhelm III. drängen auf den Beitritt Österreichs zur antinapoleonischen Koalition, denn schon ist der Franzosenkaiser wieder auf das Schlachtfeld zurückgekehrt, hat ein neuer Krieg begonnen. Metternich lässt sich Zeit. Anfang 1813 begibt er sich in Begleitung des Kaisers auf Schloss Jičin in Böhmen, in die Nähe des militärischen Geschehens. Dort und in den umliegenden Landhäusern und Schlössern Ratiboržitz, Opočne und Náchod entscheidet sich in den nächsten Wochen und Monaten bei Verhandlungen zwischen den Staatsmännern Frankreichs, Russlands, Preußens und Österreichs das weitere Schicksal Europas.

Die genannten böhmischen Besitzungen gehören Wilhelmine von Sagan, und dort begegnen sie einander wieder: der vollendete, liebeshungrige Grandseigneur aus dem Rheinland, der ganz Europa auf seinen Schultern trägt, wie er immer wieder beteuert, und auf dem jetzt tatsächlich eine ungeheure Verantwortung lastet, und die schöne, verführerische Kurländerin, die in seinem Leben, aber auch in der Politik eine Rolle spielen möchte.

Clemens Metternich ist vierzig und steht in der Blüte seines Lebens. Sie ist zweiunddreißig, bezaubernd, liebenswürdig, scharfsinnig, erfahren.

Sofort nach seiner Ankunft in Jičin nimmt er brieflichen Kontakt mit ihr auf. Aber es ist nicht er, der der russisch gesinnten Dame zunächst in Ratiboržitz einen Besuch abstattet, sondern der Zar. Gleich darauf findet sich auch Metternich bei ihr ein. Das Wiedersehen ist beglückend. Es kann nicht ausbleiben, dass die beiden, die so viel füreinander empfinden, jetzt auch ein Liebespaar werden. Ihre Herzen schlagen im Gleichklang, und dazu kommt auch noch, dass sie ihr konservatives Weltbild miteinander teilen. Liebe und Politik durchdringen einander in dieser Liebesbeziehung im harmonischen Wechselspiel.

Wann und wo die Liebe zwischen Wilhelmine von Sagan und Clemens Metternich inmitten weltbewegender Ereignisse, die er als Protagonist mit entscheidet und die sie mit beeinflusst, ihre Erfüllung gefunden hat, ist im Grunde belanglos. Metternich ist von Wilhelmine bezaubert, sie von seinem diplomatischen Genie beeindruckt. Er nutzt jede freie Minute und Gelegenheit, um bei ihr zu sein. Und wenn ihm das nicht möglich ist, schreibt er ihr Briefe in einem stilistisch vollendeten Französisch, in denen er ihr immer wieder seine Liebe beteuert. „Ich liebe Sie hundertmal mehr als mein Leben", heißt es da x-mal, „ich sehne den Augenblick herbei, an dem ich Sie wiedersehen werde." Und dann schon im vertrauten Du: „Du weißt, dass Du meine Herzensfreundin bist, der Mittelpunkt aller meiner Empfindungen … Ich bin sicher, dass es zwischen uns eine große moralische Übereinstimmung gibt, und das macht mein Glück aus."

Wilhelmine von Sagan, Lithographie von Josef Kriehuber

Das sind natürlich Floskeln, primanerhafte Stilübungen, die einem Weltmann und Liebhaber von Format schlecht anstehen. Aber Clemens Metternich konnte der Beziehung zu dieser begehrenswerten Frau natürlich auch geistige Tiefe geben, die seinem intellektuellen Niveau entsprach. Und das klingt dann Ende 1813, dem wichtigsten Jahr in seiner Karriere, so: „… Hätte ich, auf mich allein gestellt, die Kraft gehabt, so vielen einander feindlichen Einflüssen zu widerstehen und mich zu behaupten? Ich glaube es nicht. Meine Liebe zu Dir … hat mich gestärkt, ermutigt, begeistert. Nur wenn ich an Dich denke, wage ich alles. M i t D i r fürchte ich niemanden." Vor ihrem Urteil, das sein zweites Gewissen sei, wolle er bestehen, nicht vor der Welt.

Metternich schöpft aus der Liebe zu dieser Frau Kraft für seine aufreibende politische und diplomatische Arbeit. Von dieser, nicht von seiner Liaison ist in den Briefen an seine Frau in Wien hauptsächlich die Rede. „Ich führe ein Leben, ma bonne amie", schreibt er ihr, „bei dem ich ein Bedürfnis nach Ruhe empfinde, wie ich es Dir nicht schildern kann. In fünfzehn Tagen habe ich nie vier Stunden nacheinander im Bett verbracht." Die Stunden mit Wilhelmine sind da wohl mit einbezogen.

Als Vermittler zwischen Frankreich einerseits, Russland und Preußen andererseits hält Metternich die Entscheidung über Krieg und Frieden, über das Schicksal Europas in der Hand. In Dresden hat er eine stundenlange Unterredung mit Napoleon, dem er die Zustimmung zur Einberufung eines Friedenskongresses und die Verlängerung des Waffenstillstandes bis zum 10. August 1813 abringt. Immer noch setzt er auf Zeit. Nach Ablauf der Frist unterschreibt er die Note, die den Beitritt Österreichs zur antifranzösischen Koalition beurkundet. Wilhelmine ist Zeuge dieser schwerwiegenden Entscheidung.

Nun gibt es wieder Krieg, den Metternich aus vollstem Herzen hasst, aber der Kaiser der Franzosen versteht nur die Sprache der Gewalt. Diplomatische Klugheit ist seine Sache nicht. Im Oktober 1813 erleidet die französische Armee in der Völkerschlacht bei Leipzig eine empfindliche Niederlage. Metternich schildert Wilhelmine das Blutbad. Er beendet sein Schreiben vom 18. Oktober 1813 um 11 Uhr abends mit dem Satz: „Mein Kopf ist bei der Sache und mein Herz bei Dir." Am nächsten Tag bekräftigt er seine Liebe mit den Worten: „Die Welt, ihre Größe und ihr Elend bedeuten mir nichts; (in meinen Gedanken) bist Du, immer nur Du, nichts als Du." Na ja.

Der Kaiser erhebt Metternich in den erblichen Fürstenstand.

Napoleon zieht sich mit dem Rest seiner Armee über den Rhein zurück. Die Alliierten folgen ihm ohne große Eile nach. Metternich reist den Truppen mit einem Stab von Mitarbeitern hinterher. Fast von jedem der Orte und Städte, an denen er Halt macht, kürzer oder länger verweilt, von Weimar, Frankfurt am Main, von Freiburg im Breisgau schreibt er Wilhelmine einen Brief, berichtet über den Feldzug, seine Erlebnisse, die Unstimmigkeiten und Missverständnisse zwischen ihm und dem Zaren, den militärischen Befehlshabern und den Diplomaten. Und natürlich fehlen in diesen Schreiben auch seine Liebesschwüre nicht. „Ich liebe Dich, wie Du es verdienst, ich liebe Deine Seele, weil sie schön ist, Dein Herz, weil es rein und gut ist, Deinen Humor, weil er anmutig und wohlwollend ist, und Dich, weil Du D U bist." Wir kennen das schon.

Ihre Antwortschreiben sind verhaltener, unterkühlter. Ihr Herz gehört nicht ihm allein. Sie hat auch noch andere Favoriten, Alfred Fürst Windisch-Graetz etwa, den jungen Ulanenoffizier, der 1848 die Revolution in Wien niederwerfen wird. Metternich ist rasend eifersüchtig auf ihn. Aber was soll's?

Mitte Januar 1814 überquert Metternich mit der Armee den Rhein. Am 31. März ziehen die Alliierten in Paris ein. Metternich kommt zehn Tage später gerade noch zurecht, um die Zügel in die Hand zu nehmen und dem Friedensvertrag mit Frankreich den Stempel seiner Handschrift aufzudrücken.

Von seiner Frau ist er nun schon ein Jahr lang getrennt. Sie wäre gerne nach Paris gekommen, aber er wehrt ab, vertröstet sie auf seine baldige Rückkehr und versorgt sie indessen mit der neuesten Pariser Mode.

Die Briefe Wilhelmines, die ihren Wohnsitz nach Wien verlegt hat, sind auf einen düsteren Ton gestimmt. Sie ist unpässlich, verdrießlich, sie langweilt sich. Sie habe einen Klimawechsel dringend nötig, schreibt sie dem Geliebten, sie wolle nach Paris kommen, freue sich riesig auf ein Wiedersehen. Ihr schlägt Clemens die Bitte nicht ab, vertröstet sie nicht auf seine Rückkunft in absehbarer Zeit.

Wilhelmine trifft im Mai 1814 in Begleitung ihrer Schwestern in der französischen Hauptstadt ein. Metternich empfängt sie in seiner Pariser Residenz, ein wenig kühl. Die lange Trennung hat die beiden doch einander entfremdet.

Als Überwinder Napoleons steht der Fürst im Mittelpunkt des öffentlichen Interesses, er muss seine Schritte vorsichtig setzen, jedes Aufsehen vermeiden. Genau das stört die stolze, ehrgeizige Herzogin. Sie will nicht länger die heimliche Geliebte spielen. Sie möchte den Mann, zu dem ganz Europa aufschaut, ganz für sich haben, seine Frau werden. Noch verschließt sie diese Absicht in ihrem Herzen, deutet mit keinem Wort an, was sie im Sinn führt. Aber bei der erstbesten Gelegenheit wird sie von Clemens verlangen, sich von seiner Frau, der sie sich körperlich wie geistig überlegen fühlt, zu trennen.

Die Gelegenheit ergibt sich ein paar Wochen später in London. Metternich hat sich auf Einladung des britischen Prinzregenten, des späteren Königs Edward IV., dorthin begeben – wie übrigens auch der Zar und der preußische König –, und Wilhelmine ist ihm nachgereist.

In England nimmt Metternich das Ehrendoktorat entgegen, das ihm die Universität Oxford verliehen hat, ansonsten aber vermeidet er öffentliche Auftritte, so gut er kann. Gemeinsam mit Wilhelmine besucht er die Sehenswürdigkeiten der Stadt, die Parkanlagen und Sammlungen, das Pferderennen in Ascot.

Das Liebespaar ist viel allein. Eines Tages fühlt Wilhelmine in der Sache, die sie sich in den Kopf gesetzt hat, vorsichtig vor und bringt sie schließlich offen zur Sprache. Clemens ist fassungslos. Hat er richtig gehört? Er soll sich von Lorel und den Kindern trennen und sich mit Wilhelmine verbinden? Das kommt für ihn überhaupt nicht in Frage. Eine Liaison ist das eine, eine vor Gott geschlossene Ehe das andere. Er kann beides ohne große Skrupel vereinbaren. Seine Frau, die hinter ihm steht, die ihm alle seine Liebschaften und seine amourösen Abenteuer hochherzig verzeiht, wird er nicht im Stich lassen. Das wäre unehrenhaft und würde zudem das Ende seiner Karriere bedeuten. Der Kaiser würde es ihm niemals verzeihen. Er führt alle diese Argumente ins Treffen. Wilhelmine hört ihm zu, vertritt mit Leidenschaft ihren Standpunkt, versucht ihn auf ihre Seite zu ziehen. Sie kann ihn, er sie nicht überzeugen. Die Beziehung bleibt bestehen, aber sie hat einen spürbaren Knacks bekommen.

In den ersten Julitagen verlassen Clemens Metternich und Wilhelmine von Sagan England, kurz nach der Mitte des Monats kehrt der Außenminister nach Wien zurück, wo man ihn mit allen Ehren empfängt.

Lorel ist glücklich, den geliebten Gatten nach so langer Zeit wieder bei sich zu haben. Im Spätsommer 1815 bringt sie ihr siebentes und letztes Kind zur Welt, eine Tochter, die auf den Namen Hermine getauft wird. Von allen Metternich-Kindern aus erster Ehe hat sie am längsten überlebt. 1890 ist sie im Alter von 75 Jahren gestorben.

Am 18. September 1814 tritt in der Kaiserstadt an der Donau der Fürstenkongress zusammen, der sich das Ziel setzt, nach den Schrecknissen des napoleonischen Zeitalters die alte staatliche Ordnung in Europa wiederherzustellen. In Wien, das im nächsten halben Jahr im Mittel- und Brennpunkt des Weltinteresses steht, tummeln sich die Vertreter der europäischen Staaten, Kaiser und Könige, regierende Fürsten, Minister, Botschafter und Gesandte, die ihr Gefolge mitgebracht haben: Adjutanten, Generäle, Leibwächter, Sekretäre, Schreibkräfte, Köche, Dienstpersonal vom Kammerdiener bis zur Küchenmagd. Alle Quartiere sind ausgebucht, Wohnraum ist knapp, die Mieten und Lebensmittelpreise steigen sprunghaft an. Die hohen Herrschaften vergnügen sich bestens, die sprichwörtliche Schaulust der Wiener kommt voll auf ihre Rechnung. Paraden werden abgehalten, Redouten finden statt, Bälle, Galaempfänge, Konzerte im Freien, Schlittenfahrten. In den Salons schäkern die gekrönten und ungekrönten Herrschaften mit eleganten Damen und wetteifern um ihre Gunst.

Den Vorsitz bei den politischen Gesprächen und Verhandlungen, die in Ausschüssen und nichtöffentlichen Konferenzen in der Staatskanzlei am Ballhausplatz abgehalten werden, führt Clemens Fürst Metternich. Er hat die Verhandlungsräume im Empirestil neu möblieren lassen. Noblesse oblige.

Clemens Metternich steht am Gipfelpunkt seiner Karriere. Der Einundvierzigjährige sieht (noch immer) blendend aus. In seinem fein geschnittenen Gesicht ist noch kein Fältchen zu entdecken, seine vollen Lippen strahlen Sinnlichkeit aus, sein Lächeln ist verführerisch, sein Gang elastisch. Er hat einen klaren Blick, ein sicheres Urteil, einen scharfen Verstand. Er ist wendig, weltgewandt, kultiviert, ein Diplomat, ein Staatsmann vom Scheitel bis zur Sohle. Für die schwere Aufgabe, die ihm gestellt ist, ist er wie geschaffen. Aber er nimmt sie nicht ernst genug, zumindest gibt er sich den Anschein. Er ist lässig in der Verhandlungsführung, zu leichtfertig, zu sehr mit seinen persönlichen Problemen beschäftigt. Kaum jemand außer Gentz, seine rechte Hand im Trubel des Kongressgeschehens, und eventuell seine Frau weiß, ja, sie ahnt nicht einmal, dass der Herr des Ballhausplatzes in diesen Wochen und Monaten eine schwere seelische Krise durchmacht. Die Meinungsverschiedenheiten mit Wilhelmine in England haben ihm arg zugesetzt, und sie finden in Wien ihre Fortsetzung. Denn die stolze Herzogin hat sich im Fürstlich Palmschen Haus, einem Adelspalast in der Nähe der Löwelbastei, eingemietet und spielt dort neben der Fürstin Bagration, Metternichs verflossener Liebe, eine dominierende gesellschaftliche Rolle. Die beiden Damen, die einander spinnefeind sind, strecken ihre Fühler in alle Richtungen aus. In ihren Salons wird politisiert, intrigiert und geliebt. Zar Alexander I. und Metternich sowie zahlreiche andere Kongressteilnehmer geben sich dort die Türklinke in die Hand. Zwischen dem Zaren und dem Staatskanzler entwickelt sich neben der politi-

schen Rivalität eine beinahe hasserfüllte Feindschaft, ein Wett-
kampf um das Wohlwollen beider Damen. Einer spielt den
anderen gegen die eine und die andere aus und umgekehrt. „Die
Rivalität zwischen den beiden Damen Bagration und Sagan ist
aktiver als je gewesen", stellt ein kluger Beobachter der Szene
fest. „Der einen wie der anderen Erbitterung und Intrige gegen
Fürst Metternich gehen crescendo – alle Leute sind neuerlich
indigniert über das moralisch und politisch skandalöse Tun der
beiden Damen. Sie handeln mit politischen Rendezvous, verbinden die Liederlichkeit mit der Politik."

Clemens Metternich ist neben der Inanspruchnahme durch
sein Amt vollauf mit sich selbst beschäftigt. Gentz findet kaum
Gehör für seine Anliegen. Wenn er über politische Probleme
mit Metternich sprechen will, konfrontiert ihn dieser stundenlang mit seinen Herzensangelegenheiten. Gentz muss den Pos-
tillon d'Amour spielen, was ihn in so manche peinliche Situation bringt und ihn regelrecht verärgert. Obwohl auch er ein
großer Freund des weiblichen Geschlechtes ist, geht ihm die
Affäre des „Chefs" mit der Sagan gehörig auf die Nerven. Die
„verdammte Frau" hält der „Sekretär des Kongresses" in seinem
Tagebuch fest, beherrscht Metternichs Gedanken so vollstän-
dig, dass er alles andere darüber vergisst, seine Pflichten vernachlässigt. „Metternich weiß vor Liebe und beleidigter Eitelkeit sich nicht zu fassen", hohnlächelt ein preußischer Agent.
„Er verliert jeden Vormittag, indem er nie vor zehn Uhr früh
das Bett verlässt, und, kaum angezogen, zur Sagan seufzen geht,
fünf bis sechs Stunden, behält kaum so viel Zeit, um unter vierzig Menschen, die jeden Tag ihn zu sprechen haben, kaum drei
bis vier vorzulassen." Selbst Gentz lässt er stundenlang warten.
Der Konflikt mit Wilhelmine verletzt seine Eitelkeit, lähmt seine Schaffenskraft, erschüttert sein Selbstbewusstsein. Es ist das
erstemal in seinem Leben, dass ihn eine Frau herausfordert,
dass er in einer Liebesaffäre der Schwächere ist. Eine Niederlage in der Liebe verdaut er schwerer als eine diplomatische
Schlappe. „Ein Verhältnis – ein Traum, der schönste meines
Lebens, ist verschwunden. Ein anderes besteht noch, bis auch

dieses durch Dich gelöst wird", hat er ihr schon im Juli 1814 ahnungsvoll geschrieben.

Jetzt, im Herbst 1814, ist der Bruch endgültig, und nicht er hat ihn herbeigeführt, sondern sie. Das schmerzt ihn tief. Er beschwört Erinnerungen herauf, jammert sie an, appelliert an ihre Gefühle, ihr Gewissen. Aber es nützt alles nichts mehr. Sie vergnügt sich bereits mit anderen, jüngeren Liebhabern. Ende 1814, als alles vorüber war, wünschte er ihr Glück und Wohlergehen für ihr weiteres Leben. „Das Jahr 1815 sei für Dich das erste einer langen Reihe glücklicher Jahre, voll ruhiger, ungestörter, Deiner würdigen Genüsse! In verlorenen Zeiten denke an mich; meine Seele wird Dir stets mit gleicher Anhänglichkeit und Liebe entgegenkommen. Dein Leben sei lang und gut. Es reihe sich an das meinige, wenn Du einen Freund und Stütze brauchst", formulierte er nicht besonders formschön. Wilhelmine war zweifellos die Frau seines Lebens. Aber der noble Kavalier konnte auch sehr ungalant sein. Jahre später hatte er für seine Geliebte nur Schmähungen übrig. Sie sündige siebenmal am Tag, verunglimpfte er sie einer Freundin gegenüber, benehme sich wie eine Irre und habe Liebesabenteuer sonder Zahl. Und er hatte auch noch die Stirn, zu behaupten, dass er sie nie geliebt und dass e r sich von ihr getrennt habe. Sie hatte ihm eine Wunde zugefügt, die nie vernarbte.

Der Wiener Kongress ist vorüber. Eine neue Ära ist angebrochen, die Ära Metternich. Das Rad der Zeit (Geschichte), dem der „Kutscher Europas" in die Speichen greift, dessen Vorwärtsbewegung er zu hemmen versucht, was ihm nur kurz und in Maßen gelingt, dreht sich weiter. Er ist jetzt wieder viel unterwegs. In Italien, in Karlsbad (zur Kur), auf Kongressen in Aachen, Troppau, Laibach und Verona. Hinter dem leisesten liberalen und nationalen Lüftchen, das sich in Europa regt, mutmaßt er revolutionäre Umtriebe. Mit grimmiger Konsequenz verteidigt er die staatliche Ordnung, die er wiederhergestellt hat. Er betrachtet es als seine historische Aufgabe, an ihr mit allen Mitteln festzuhalten, so lange es möglich ist. Er stellt Erwägungen an, fällt Urteile, lässt, wenn nötig, militärisch intervenieren und führt sein Liebesleben wie eh und je weiter.

In Florenz begeistert ihn die Sängerin Angelica Catalani, die, wie er seiner Tochter Marie berichtet, die Palpiti in Rossinis Oper „Tancredi" wie „ein frisch aus dem Paradies herbeigeflogener Engel" gesungen hat. Aber er ist nicht nur von ihrer Stimme entzückt. Er lädt die Künstlerin in seine Wiener Villa ein, wo er für sie, nicht gerade zur Freude seiner Frau, eine glänzende Soirée veranstaltet. Die schöne, mit ihren vierzig Jahren noch immer betörende Frau versüßt ihm dann in Karlsbad die Kur und reist ihm auch zum Kongress nach Aachen nach. Dort freilich begegnet er einer anderen Frau, für die sein leicht entflammbares Herz bald schlägt.

Die Dame, 33 Jahre alt, groß, gertenschlank und keineswegs eine attraktive Erscheinung, ist das Gegenteil des üppig-molligen Frauentyps, den Metternich bevorzugt. Sie wird dennoch seine Geliebte. Ihr Name: Gräfin Dorothea Lieven.

Die Gräfin, eine am 30. Dezember 1784 in Riga geborene von Benkendorff, hatte im Alter von sechzehn Jahren den russischen Diplomaten Graf Christoph Lieven geheiratet, ihm vier Kinder geschenkt. Sie war klug, hatte eine lebhafte Phantasie und interessierte sich brennend für die Politik. Metternich lernte sie 1818 in Aachen bei einem Empfang des russischen Außenministers, des Grafen Karl Wassiljewitsch Nesselrode, kennen. Sie waren einander bereits vorher flüchtig begegnet, hatten aber wenig Notiz voneinander genommen. Für ihn war sie zu unauffällig, sie hielt ihn für kalt und arrogant. Nun kamen sie miteinander ins Gespräch. Er möge ihr etwas über Napoleon erzählen, bat sie ihn. Er tat es mit seiner unnachahmlichen Gabe für die Schilderung bedeutsamer historischer Begebenheiten und die exakte Beschreibung von Charakteren.

Dorothea hing an seinen Lippen. Der Frauenkenner spürte die Bewunderung, die ihm diese Frau entgegenbrachte, und fand sie bald recht charmant, jedenfalls aber war sie eine interessierte und interessante Gesprächspartnerin.

Ein paar Tage nach dieser Begegnung begleitete Metternich die Ehepaare Nesselrode und Lieven in den belgischen Kurort Spa. Auf der Rückfahrt bootete er den Grafen geschickt aus und verbrachte mit seiner Frau drei vergnügliche Stunden allein in der Kutsche. Er fand sie liebenswert, besuchte sie am nächsten Tag in ihrem Logis, sie kam zu einem Gegenbesuch. Und dann passierte es am ungewöhnlichen Ort: in der Theaterloge. Er hat es schriftlich bezeugt.

Das Liebesglück war zu seinem Leidwesen nur von kurzer Dauer. Dorotheas Gatte wurde nach Brüssel beordert und von dort nach London. „Auf wenige Augenblicke war unsere Gemeinsamkeit beschränkt", schrieb er ihr nach ihrer Abreise. „Ich fand sie, um sie zu verlieren. Vergangenheit, Gegenwart und vielleicht auch Zukunft sind in diesen wenigen Worten beschlossen. Die Stunde des Wiedersehens wird eine der schönsten Stunden meines Lebens sein." Metternich ließ nichts unversucht, um Dorothea wieder zu begegnen, aber es dauerte drei Jahre, ehe ihm dies gelang. 1821 trafen sie einander in Hannover und waren ungestört, da Graf Lieven erst eine Woche später nachkam. Im Jahr darauf erneuerten sie ihren Liebesbund auf dem Kongress zu Verona. Seltsamerweise hielt das Liebespaar nach diesen kurzen körperlichen Begegnungen jahrelang brieflichen Kontakt miteinander. Vom Fürsten sind 174 Briefe erhalten geblieben, von der Gräfin 285.

Metternich, 1821 vom Kaiser zum Haus-, Hof- und Staatskanzler ernannt, war fürwahr ein vielbeschäftigter Mann. Aber er fand Zeit, neben der intensiven Korrespondenz mit seiner Frau, seinen Kindern, Staatsmännern und Diplomaten in aller Herren Länder, seiner Geliebten in London von allen möglichen Aufenthaltsorten aus lange Briefe zu schreiben, die sie ausführlich erwiderte. Sie wurden geheim per Diplomatenpost befördert und von Vertrauensleuten zugestellt. Zeitlich aneinandergereiht, ergeben sie, was Metternich betrifft, eine Art Tagebuch seines Lebens in den Jahren zwischen 1818 und 1827 und gewähren einen Einblick in seine privaten Lebensumstände, seine Ansichten, Eigenarten und Voreingenommenheiten. Die

Dorothea Lieven, Stich nach einer Zeichnung von Sir Thomas Lawrence

Briefe sind heute längst antiquiert, waren nie und sind keine vergnügliche Lektüre. Zu überfrachtet sind sie mit allen möglichen Überlegungen und mit Liebesgetändel. Auch stilistisch sind sie keineswegs eine Offenbarung.

Metternich breitet sein Leben vor der Geliebten aus, lässt sie in seine Seele schauen und steht nicht an, ihr einmal auch mitzuteilen, was er von seiner Ehefrau hält. „Mir war unlieb, mich verheiraten zu müssen", schrieb er ihr. „Heute bin ich weit davon entfernt, es zu bedauern. Meine Frau ist vortrefflich, geistreich, und alle Eigenschaften finden sich in ihr vereint, die das häusliche Glück begründen ... Meine Frau ist niemals hübsch gewesen, liebenswürdig ist sie nur für gute Bekannte. Wer sie wirklich kennt, muss sie lieben. Nichts in der Welt gibt es, das ich nicht für sie zu tun bereit wäre."

Als Dorothea einmal über ihre Ehe klagte, antwortete er ihr: „Wie kannst Du es noch immer als Unglück empfinden, dass Dein Herz unbefriedigt ist in Deiner Ehe? Liebeserfüllung in der Ehe ist nur einer ganz geringen Zahl Bevorzugter vergönnt." Und er setzt ihr auseinander, dass Ehen, die jung geschlossen werden, nicht glücklich sein können. Für sich selbst hatte er sich eine eigene Liebesmoral zurechtgelegt. „Nie war ich ungetreu", behauptete er unverfroren. „Die Frau, die ich liebe, ist mir die einzigste auf der Welt." An diese Maxime hat er sich ein ganzes Leben lang gehalten.

Metternich spricht in diesen Briefen natürlich viel über sich selbst. Was wäre von einem Mann anderes zu erwarten, der sich selbst so ernst nahm, der glaubte, unfehlbar zu sein, der sein Ich als den Mittelpunkt des Kosmos betrachtete? Er klagt, dass er alles selber tun müsse, für die andern denke, für alles die Verantwortung trage, dass Europa auf seinen Schultern laste, aber die Ehre nicht ihm, sondern dem Monarchen gehöre. Er hasse das Scharwenzeln bei Hof, die gedankliche Öde der Salons, das geschraubte Benehmen in den Konferenzsälen, die inhaltsleeren diplomatischen Gespräche. Ob er das wirklich ernst meinte? Man darf ihn nicht immer wörtlich nehmen, den größten österreichischen Staatsmann des 19. Jahrhunderts. „Ich bin mit der ganzen Welt unzufrieden, außer mit Dir. Ich verabscheue diese Welt und liebe nur Dich", schrieb er ihr dann. Und das war möglicherweise sogar ernst gemeint. Es scheint ihr gefallen zu haben. Sie hat jedenfalls nicht widersprochen.

Brauchte der allgewaltige österreichische Staatskanzler, der Herr über das Schicksal von Millionen Menschen, ein vertrautes Geschöpf, dem er sein Herz offen legen, dem er seine geheimsten Gedanken anvertrauen konnte? So seltsam die Antwort auch klingen mag, offenbar schon. Seine lungenkranke Frau lebte in Paris, er sah sie jahrelang nicht. Sie konnte ihm nicht mehr das häusliche Glück bescheren, das er zwar nicht suchte, aber offensichtlich dennoch brauchte.

Lorel verzieh ihm nach wie vor alle seine Eskapaden, glaubte unerschütterlich an seine historische Größe. „Niemand hat jemals für die gesamte Welt mehr getan als Du, und das auf Kosten Deines Glücks und allen persönlichen Genusses", schrieb sie ihm. Das war, was die erste Hälfte des Satzes betrifft, eine Übertreibung. Die zweite stimmte ganz einfach nicht und war möglicherweise zur Beruhigung des eigenen Gewissens gedacht.

Im Mai 1823 kehrte sie nach Wien zurück. Der Gatte fand, dass sie verhältnismäßig gut aussah, aber der Schein trog. Bald stellten sich wieder die alten Leiden ein: ständige Kopfschmerzen, Fieberanfälle, Erbrechen, Atembeschwerden, blutiger Auswurf. Mitte April 1824 erlitt sie einen Blutsturz, der das Ärgste befürchten ließ. Sie erholte sich nur langsam. Der Herr Gemahl ging seinen Amtsgeschäften nach und tankte dann auf seinem Weingut Johannisberg am Rhein neue Kraft für seine weiteren politischen Aufgaben und energieaufwändigen Liebeleien. Er hatte bereits wieder zarte Bande zu einer reizenden achtzehnjährigen Dame geknüpft, die allerdings nicht dem Hochadel entstammte: Antoinette Leykam. Sie sollte ein paar Jahre später seine zweite Frau werden. Die Korrespondenz mit der eifersüchtigen Gattin des russischen Botschafters in London führte er weiter.

Lorel kam nach Johannisberg nach und übersiedelte dann wieder mit ihrem Sohn Franz Viktor, den der Vater mit der Pflege der schwer kranken Frau beauftragte, nach Paris. Warum die französische Hauptstadt ihrer Gesundheit hätte zuträglicher sein sollen als Wien, wie die Ärzte und der Gatte den dortigen Aufenthalt begründeten, ist schwer verständlich. Ihr Gesundheitszustand verschlechterte sich von Woche zu Woche, von Tag zu Tag. Im Dezember erlitt sie neuerlich einen schweren Blutsturz. Das Ende schien nahe. Der Gatte machte keine Anstalten, nach Paris zu kommen. Er sei mit eisernen Klammern an seinen Aufenthaltsort gefesselt, teilte er der Gemahlin mit. Erst auf die dringende Bitte des österreichischen Botschafters in Frankreich, und als die Todkranke ihn bat, eilends zu kommen, entschloss er sich endlich dazu. Selbst als seine Frau im Sterben lag, empfing er Minister und stattete dem König einen Besuch ab. Ein paar Tage vor Lorels Tod fertigte er auf ihren Wunsch ein Testament an, das sie mit letzter Kraft unterschrieb. Am 13. März 1825 erlag sie im Alter von fünfzig Jahren ihrem schweren Leiden. Sie sei immer glücklich gewesen, hatte sie ihm in ihrem letzten Brief geschrieben, er habe ihr nie auch nur einen einzigen Augenblick Kummer bereitet. Sie liebte ihn bis zu ihrem letzten Atemzug.

Clemens Wenzel Lothar Metternich geht rasch zur Tagesordnung über. „In sonstiger Beziehung habe ich die begründetsten Ursachen, mit meinem Aufenthalt in Paris zufrieden zu sein, und er wird nicht ohne Nutzen bleiben", schrieb er einem Bekannten. Die Trauer über den Verlust seiner Frau ist kurz. Der österreichische Staatskanzler ist nicht zum Leiden geboren. Bald schon ist er wieder auf Freiersfüßen. Die Fäden sind längst geknüpft.

In den Wiener Hochadelskreisen redet man seit langem darüber und rümpft die Nase. Macht sich Fürst Metternich nicht geradezu lächerlich? Antoinette Freiin von Leykam, die Frau, der jetzt sein Herz gehört, ist dreiunddreißig Jahre jünger als er und noch dazu die Tochter einer neapolitanischen Opernsängerin. Die Freundin in London, die über Mittelsmänner von der Beziehung erfährt, ist entsetzt. Sie bricht den Briefwechsel mit ihm

Villa Metternich, Lithographie von Eduard Gurk

171

ab und hat für ihn nur noch Hohn übrig. Der Mann, dessen Wort am meisten zählt, der Kaiser, hat für seinen Minister Verständnis. Um der Ehe den Anschein der Standesgemäßheit zu geben, ernennt er Antoinette Leykam per Handbillett zur Gräfin von Beilstein. Am 5. November 1827, einem kalten, unfreundlichen Spätherbsttag, findet in der Kapelle des kaiserlichen Lustschlosses Hetzendorf bei Wien (heute: Sitz der Modeschule der Stadt Wien im 12. Gemeindebezirk) die Hochzeit statt. An der Zeremonie nehmen nur die engsten Familienmitglieder teil.

Die frisch gebackene Fürstin Metternich stößt bei Hof auf Wohlwollen, der Staatskanzler veranstaltet in seiner Villa am Rennweg im Mai 1828 ein glanzvolles Fest zu seinem 55. Geburtstag, an dem der italienische Geigenvirtuose Niccolò Paganini aufspielt.

Das häusliche Glück dauert nicht lange. Am 7. Januar 1829 bringt Antoinette Metternich einen Knaben zur Welt, der den Namen Richard erhält. Zehn Tage später stirbt sie an Kindbettfieber.

Der Gatte ist fassungslos. „Die furchtbarste Katastrophe ist über mich hereingebrochen, da bin ich nun wieder allein auf der Welt", schreibt er seinem Sohn Viktor nach Paris. Kaum zwei Jahre später muss er auch von ihm Abschied nehmen. Die Tuberkulose, ein Erbteil der Mutter, hat den jungen Mann hinweggerafft.

Drei Kinder sind nach dem Tod Antoinettes wieder mutterlos: die sechzehnjährige Leontine und die zwölfjährige Hermine, beide aus erster Ehe, und der kleine Richard. Der Vater ist allein, ohne Frau. Genau das ist es, was er nicht erträgt. Clemens Metternich braucht Leben um sich, Liebe. Der Staatskanzler geht auf das sechzigste Lebensjahr zu. Sein Haar ist schütterer geworden, sein Gesicht spitzer, seine Haut fahler, die Augen haben ihren Glanz verloren. Aber der distinguierte Herr ist noch immer attraktiv, selbst die jungen Damen der Hocharistokratie werfen ihm verliebte Blicke zu. Eine davon, die fünfundzwanzigjährige Gräfin Melanie Zichy-Ferraris aus ältestem ungarischen Adel, macht ihm bei jeder Gelegenheit besonders schöne Augen. Sie ist klug, stolz und temperamentvoll.

Der Witwer fühlt sich geschmeichelt. Für Frauenschönheit hat er noch immer viel übrig. Er macht ihr Avancen. Und schon heißt es in seinen Briefen an sie wieder, dass „seine Liebe ihr gehört und sein Herz nur für sie schlägt". Das Revolutionsjahr 1830, das ihm arge politische Kopfschmerzen bereitet, macht seinen Heiratsplänen einen Strich durch die Rechnung. Aber am 30. Januar 1831 führt der ordensgeschmückte Staatsmann die adelsstolze Gräfin dann zum Traualtar.

Die dritte Frau Metternichs ist ehrgeizig und gebieterisch. Sie verschärft im Hause Metternich die Etikette und wacht mit Argusaugen darüber, dass nur Gäste geladen werden, die in ihr Gesellschaftsbild passen und ihre Sympathie genießen. Sie betet ihren Mann an und hält seine Meinungen für unfehlbar. Dennoch mischt sie sich in seine Angelegenheiten, öffnet die einlangenden Depeschen und liest sie ihm vor. Sie ist auf diese Weise über viele Vorgänge gut informiert. Unvorsichtigerweise plaudert sie auch so manches Staatsgeheimnis aus. Das bringt den Staatskanzler zuweilen in arge Verlegenheit. Er versucht, die eigenwillige Gattin ein wenig zu bremsen. Es gelingt ihm nicht wirklich. Seine um drei Jahrzehnte jüngere Ehehälfte besitzt die größeren Energiereserven. Sie ist im Vollbesitz ihrer körperlichen Kräfte, während er unter dem Schwinden seiner Seh- und Hörkraft leidet.

In der Liebe stellt er hingegen noch immer seinen Mann. Er zeugt mit Melanie vier Kinder, eine Tochter und drei Söhne. Die Ehe ist durchaus harmonisch. Metternich und seine junge Frau sind oft in Gesellschaft zu finden, sie besuchen Theatervorstellungen und fahren gelegentlich nach Hietzing, wo sie in Dommayer's Casino, einem vorstädtischen Vergnügungsetablissement, ein Tänzchen wagen.

In der Politik hielt Clemens Metternich noch fest die Zügel in der Hand. Er besaß das uneingeschränkte Vertrauen des Kaisers, das gesellschaftspolitische System, das er geschaffen hatte und das seinen Namen trug, funktionierte. Die Monarchie war ungefährdet, die Überwachung der Bürger durch Polizei und Zensur war zwar nicht perfekt, aber Ruhe und Ordnung waren gesichert. Geistige Regsamkeit wurde als staatsgefährlich betrachtet, Fortschritt war unerwünscht.

Als Kaiser Franz I. am 2. März 1835 aus dem Leben schied, blieb alles beim Alten. Ferdinand, der regierungsunfähige Sohn des Kaisers, hing am Gängelband Metternichs.

Außenpolitisch lief es weniger gut. Das Bündnis der europäischen Mächte zur Aufrechterhaltung der monarchischen Ordnung war vor allem an den Interessensgegensätzen zwischen Großbritannien und Russland zerfallen. Die Griechen sagten sich von der türkischen Herrschaft los, in Deutschland und Italien gab es Bestrebungen zur Bildung eines Einheitsstaates, die Polen verlangten ihre staatliche Unabhängigkeit von Russland.

Metternich sah das heraufziehende politische Gewitter mit Unbehagen und Entsetzen. „Der gegenwärtige Zustand Europas lässt mich erschaudern", fasste er im Gespräch mit einem amerikanischen Gelehrten die politische Situation im Jahre 1836 aus seiner Sicht zusammen. Seine geistige Energie war noch immer beachtlich. Im Sommer 1839 machte er jedoch eine schwere seelische Krise durch, hatte Weinkrämpfe, war niedergeschlagen und verzweifelt, sprach vom Tod.

Die Gattin, die sich ernstliche Sorgen um ihn machte, munterte ihn auf. Er erlangte seine Spannkraft wieder, arbeitete von früh bis spät. Das Alter und die Sorge um die Zukunft des Habsburgerreiches und des europäischen Kontinents widerspiegelten sich in seinem tiefzerfurchten Gesicht, die Schwerhörigkeit plagte ihn, das alte Augenleiden verschlimmerte sich.

Auch im wirtschaftlich rückständigen Habsburgerreich wurde die Kritik am „System Metternich" immer lauter, die politischen Strömungen, denen die Zukunft gehörte, Liberalismus und Nationalismus, formierten sich zu seinem Sturz. Der alte Staatsmann hatte nicht mehr die Kraft, ihnen nennenswerten Widerstand entgegenzusetzen. Die Zeit hatte ihn überrundet, seine Rolle als „Kutscher Europas" war zu Ende gespielt. Am

Abend des 13. März 1848, am Tag des Ausbruchs der Revolution in Wien, unterschrieb Fürst Clemens Wenzel Lothar Metternich sein Rücktrittsgesuch. Am 14. März flüchtete der Fünfundsiebzigjährige mit seiner Frau, die ihm in diesen schweren Tagen treu zur Seite stand, nach einer beschwerlichen Reise in das liberale England, das dem Ehepaar Zuflucht gewährte.

In der drei Jahre während der Emigration traf er nicht nur mit zahlreichen Persönlichkeiten des öffentlichen Lebens zusammen, sondern eines Tages auch mit seiner einstigen Freundin Dorothea Lieven. Es war ein wehmütiges Wiedersehen zweier alter Menschen, die nur noch in der Vergangenheit lebten.

Am 23. September 1851, als die Revolution niedergeworfen war und der junge Kaiser Franz Joseph sich anschickte, wieder autokratisch zu regieren, kehrten die Metternichs in ihr Wiener Palais zurück.

Der letzte Abschnitt im ereignisreichen Leben des hochkultivierten, geistreichen Weltmannes war angebrochen. Er genoss die Muße, die ihm das Leben ohne politische Verantwortung bescherte, verbrachte die Sommer auf seinem Gut im böhmischen Plass (Plasy) nördlich von Pilsen, das er vor Jahren gekauft hatte, und war dann und wann zur Weinernte in Johannisberg zu finden. Am politischen Geschehen nahm er weiterhin Anteil, der junge Franz Joseph fragte ihn ab und zu um Rat.

Am 19. März 1854 verlor er seine dritte Ehegattin. Melanie Metternich starb an Krebs. Und auch die drei anderen Frauen, die in seiner umfangreichen Liebeschronik die bedeutsamste Rolle gespielt hatten, Fürstin Katharina Bagration, Wilhelmine von Sagan und Gräfin Dorothea Lieven, verließen vor ihm das Getriebe der Welt.

Als er selbst am 11. Juni 1859 im 87. Lebensjahr völlig entkräftet die Augen für immer schloss, führte die Habsburgermonarchie wieder einmal Krieg. Der Leichnam des großen Staatsmannes wurde in der Wiener Karlskirche eingesegnet und in aller Stille auf seinem Familienbesitz in Plass beigesetzt.

LIEBESRAUSCH
MIT POLITISCHEN FOLGEN

König Ludwig I. von Bayern

Die Blätter der Bäume in den Gärten und Alleen Münchens begannen sich bereits zu verfärben, als die berühmte, durch ihre Eskapaden und Skandale in aller Welt berüchtigte Tänzerin Maria Dolores Porris y Montez im Frühherbst des Jahres 1846 im Bayerischen Hof Quartier nahm, von dem sie später in den Gasthof „Zum goldnen Hirschen" übersiedelte. Ihre Ankunft löste in den Bürgerhäusern, den Salons, den Ämtern und selbst in den Ministerien beträchtliche Erregung aus. Die ungemein schöne Tänzerin, die sich als geborene Spanierin ausgab, in Wahrheit aber der Verbindung eines Fähnrichs der Britischen Armee mit einer Irin entstammte und mit bürgerlichem Namen Maria Dolores Gilbert hieß, hatte trotz ihrer Jugend (sie war erst achtundzwanzig Jahre alt) ein abenteuerliches Leben hinter sich. In England und Frankreich erzogen und mit der damals üblichen Bildung versehen (Fremdsprachen, Literatur, Geschichte, Musik), früh mit einem ungeliebten Mann verheiratet und bald wieder geschieden, hatte sie sich von ihrer Mutter und dem Stiefvater losgesagt – die Mutter hatte nach dem Tod ihres Mannes wieder geheiratet – und kurzerhand in Madrid Tanzunterricht genommen. Es war eine Berufsentscheidung, die haargenau zu ihrem Naturell, ihrem feurigen Temperament und zu ihrer grazilen Gestalt passte. Der Bolero, die Cachucha, der Fandango, der Klang der Kastagnetten wurden zu ihrem Lebenselixier, ihre Musikalität, ihre zauberhafte tänzerische Ausdruckskraft, das Wiegen ihrer Hüften, das Spiel ihrer glutvollen Augen, der Zauber ihrer verführerischen Persönlichkeit zu ihren unverkennbaren Markenzeichen.

Sie machte rasch Karriere. Nach ihrem ersten Auftreten im Königlichen Theater in London begeisterte sie in Berlin, Paris, Warschau und St. Petersburg die Menschen, riss sie Journalisten, Schriftsteller und Poeten zu überschwänglichen Hymnen auf ihre Schönheit hin. „Tiefblaue, feurige, glänzende Augen, die zuweilen einen feuchten Schimmer wie von wilder Leidenschaft zeigen", beschrieb sie einer ihrer Verehrer, „erhellen ein formvollendetes Antlitz, das bei nicht hoher Stirn von seidenweichen, ebenholzschwarzen Haaren umschattet ist. Dazu ein edel geformter, nur etwas zu großer Mund, ein schlanker, schneeweißer Hals und eine Gestalt, die auch den abgefeimtesten Frauenverächter zur Bewunderung zwingen muss."

Lola Montez erregte aber nicht nur Bewunderung. Sie verursachte oder war zumindest der Anlass für veritable Skandale. Sie kleidete sich extravagant (zumeist kreuzte sie in Reithosen auf), verstieß bei jeder Gelegenheit gegen Anstand und Sitte, gegen die Normen bürgerlicher Wohlerzogenheit. Sie war anmaßend, provokant, herrisch, rücksichtslos und unbeherrscht. Sie legte ihrem ungebärdigen Temperament überhaupt keine Zügel an, tat und sagte, was ihr gerade einfiel und beliebte, und scheute, wenn ihr etwas missfiel, selbst vor Handgreiflichkeiten nicht zurück. Eine freimütige, beleidigende Äußerung lag stets abrufbereit auf ihren Lippen, ihre Reitpeitsche, mit der sie unbarmherzig zuschlug, war immer zur Hand.

Die Liebschaften und amourösen Abenteuer der Dame, der es an Geist und Intelligenz nicht fehlte, waren Legion. Die Männer lagen ihr zu Füßen, sie spielte mit ihren Herzen Vabanque. Der große Klaviervirtuose Franz Liszt, der sich auf ein kurzes Techtelmechtel mit ihr einließ, konnte ein Lied davon singen. Als er sich, aus seinem Liebestaumel erwacht, ernüchtert von ihr abwenden wollte, folgte sie ihm auf Schritt und Tritt von einem Konzert zum anderen und ließ sich nicht abschütteln. Schließlich, so die Fama, habe er sie in ein Hotelzimmer eingesperrt und das Weite gesucht, nicht ohne in die Hotelrechnung auch gleich einen Betrag für die Beschädigung des Mobiliars mit einbezogen zu haben. Er hatte die Dame seines Herzens richtig eingeschätzt. Lola bekam einen Tobsuchtsanfall, zertrümmerte alles, was nicht niet- und nagelfest war. Ehe sie München mit ihrer Anwesenheit beglückte, hatte sie noch dem Fürsten Heinrich Reuss-Lobenstein-Ebersdorf den Kopf verdreht, der sie aber davonjagte, bevor seine Liebes- und Finanzkraft aufgebraucht war.

Die Münchener Spießbürger waren natürlich nicht über alle Schandtaten der spanischen Tänzerin informiert. Aber der üble Ruf, der ihr vorausgeeilt war, genügte, um gegen sie Stellung zu beziehen.

Was tat Lola Montez in München? Was plante sie, was hatte sie vor? Ganz einfach. Sie wollte am Königlichen Hoftheater ein Gastspiel geben, ihre Tanzkunst demonstrieren.

Der Intendant der renommierten Bühne ist nicht wenig erstaunt, als die schöne, gertenschlanke Frau eines Tages vor ihm steht und ihm ihren Wunsch kundtut. Sie hat sich unangemeldet Zutritt zu ihm verschafft. Der Herr Intendant ist in einer unangenehmen Situation. Er kann ihr nicht die Tür weisen, er will keinen Skandal provozieren. Also setzt er auf geduldige Überredungskunst und erklärt der auf eine rasche Entscheidung Drängenden, dass ihr Begehren seine Kompetenzen übersteige. In Personalfragen liege das letzte Wort beim König. Er werde Seiner Majestät über ihre Vorsprache berichten und um eine entsprechende Weisung bitten. Unwirsch und über die Abweisung sichtlich erbost, verlässt die Tänzerin das Zimmer des Theaterdirektors. Noch am selben Tag verfasst der Intendant einen kritischen Bericht an den Monarchen.

Ludwig I. liest das Schriftstück, wie die vielen anderen, die ihm täglich vorgelegt werden, mit Aufmerksamkeit. Maria Dolores Porris y Montez? Dieser Name ist ihm natürlich geläufig. Der theater- und kunstbegeisterte Herrscher, der in seinen nunmehr einundzwanzig Regierungsjahren aus seiner biedermeierlichverschlafenen Residenzstadt ein Zentrum künstlerischen Lebens und Schaffens gemacht hat, blickt kurz von seiner Aktenarbeit auf. Sein Interesse ist geweckt. Er liebt Spanien, er hat einige Werke Calderóns gelesen, er spricht die Sprache des Landes. Ludwig zieht weitere Erkundigungen über die berühmte Tänzerin ein und zögert eine Entscheidung hinaus. Soll er die Theaterintendanz vor den Kopf stoßen und das Gastspiel befürworten? Er ist unentschlossen. Da trifft es sich gut, dass ihm eines Tages ein Ansuchen der Tänzerin um eine Audienz vorgelegt wird. Die Montez hat sich nach Beratungen mit Freunden, die sie auch in München bald gefunden hat, dazu überreden lassen. Der König lehnt das erste Gesuch pro forma ab und bescheidet auch das zweite abschlägig. Das dritte erledigt er gnädigst positiv. Es ist eine schicksalhafte Entscheidung.

Señora Montez ist der personifizierte Widerspruch. In ihrem Wesen mischen sich die verschiedensten Anlagen, Gefühle und Empfindungen. Sie kann damenhaft und hoheitsvoll sein, launenhaft und herablassend, aufreizend und störrisch, fügsam und tolerant. Sie kann pointiert formulieren und klar argumentieren und im Zorn die größten Flegeleien von sich geben.

Jetzt, da sie in einem schwarzen Samtkleid das Arbeitszimmer des Königs von Bayern betritt, spielt sie alle ihre körperlichen Vorzüge und Verführungskünste und ihren unwiderstehlichen Charme aus. Sie versinkt in einen tiefen Hofknicks, hebt den Kopf und wendet ihr feingeschnittenes Gesicht erwartungsvoll dem Monarchen zu, der entgegen der Etikette ein paar Schritte auf sie zugegangen ist. Ludwig, der nach Schönheit dürstende Frauenliebhaber, reicht ihr galant die Hand. Sie erhebt sich. Für einen Augenblick stockt ihm der Atem. Dann redet er die Bittstellerin auf Spanisch an. Es entspinnt sich ein längeres Gespräch, an dessen Ende es keinen Zweifel über das Ergebnis geben kann. Maria Dolores Porris y Montez hat den einundsechzigjährigen Monarchen bezaubert, sein Innerstes aufgewühlt. Sie hat ihren Wunsch, ihren Willen durchgesetzt. Sie wird im Königlichen Theater in München tanzen.

Lola Montez, Stich von Albert Henry Payne

Das Auftreten der berühmt-berüchtigten Tänzerin wird auf den 10. Oktober 1846 festgesetzt. Lola Montez wird in den ersten beiden Zwischenakten eines heute längst vergessenen Schwankes eines unbedeutenden Autors ihren Auftritt haben. „Demoiselle Lola Montez tanzt spanische Nationaltänze" steht auf dem Theaterzettel zu lesen. Die Münchener wissen nicht recht, ob es verheißungsvoll oder Unheil drohend gemeint ist. Die ganze Stadt fiebert dem Ereignis entgegen.

Das Theater ist an diesem Abend bis auf den letzten Platz besetzt. Gespannt erwartet das größtenteils vornehme Publikum nach dem 1. Akt den Auftritt der Tänzerin. Auch der König, der sich in seiner Loge eingefunden hat, wendet interessiert seine Blicke der Bühne zu. Der Vorhang hebt sich, eine weiche, sanfte Melodie erklingt, und schon tänzelt die Vielgerühmte und Vielgeschmähte durch die Seitenkulissen herein. Sie trägt ein schwarzes, spitzenbesetztes, brillantengeschmücktes Seidenkleid, ihr pechschwarzes Haar ziert eine dunkelrote Rose. Das Publikum hält den Atem an. Die Spanierin schreitet federnden Schrittes zur Rampe und macht vor der königlichen Loge eine tiefe Verneigung. Dann richtet sie sich langsam auf, hebt graziös die Arme, die Hüften beginnen sich im Takt zu wiegen. Jetzt schlägt sie die Kastagnetten, stampft mit den Füßen auf, ihr schlanker Leib beginnt sich im Rhythmus der Musik zu drehen und zu biegen. Leidenschaftlich und hemmungslos, die herkömmlichen Regeln missachtend, tanzt sie einen Bolero, einen Fandango, wirbelt wild und wilder herum. Ihr feuriges Temperament strömt in ihre unüberbietbare Tanzkunst ein, lodert zu einem stürmischen Furioso auf, ehe es zusammenfällt, im letzten Schritt, in der letzten Bewegung ihres schönen Körpers erlischt und in eine formvollendete Verbeugung vor der Hofloge mündet. Sie hat eigentlich nur für den König getanzt, für ihn, der kein Auge von ihr gewendet hat und nun hingerissen Beifall spendet. Ein Teil des Publikums ist aufgesprungen und akklamiert begeistert, ein anderer reagiert skeptisch zurückhaltend. Die Tänzerin wird zweimal vor den Vorhang gerufen. Dann zieht sie sich in ihre Garderobe zurück. Als sie durch eine

Seitentür das Theatergebäude verlässt, braust Jubel auf, sie wird von einer Menschenmenge umdrängt. Mit freundlicher Energie bahnt sie sich einen Weg zu ihrem pferdebespannten Wagen und fährt in ihr Quartier zurück. Sie ist müde und abgespannt, aber tief glücklich.

Der König kehrt innerlich aufgewühlt in seine Gemächer zurück. Er setzt sich an den Schreibtisch und bringt seine Gefühle zu Papier. Es sei einer der schönsten Theaterabende in seinem Leben gewesen, ihre Tanzkünste hätten ihn unerhört beeindruckt, lässt er die schöne Spanierin wissen und ersucht sie, noch an einem zweiten Abend im Hoftheater aufzutreten. In dieser Nacht findet er nur schwer Schlaf.

Das königliche Schreiben wird der Tänzerin am nächsten Morgen gemeinsam mit einem prächtigen Strauß roter Rosen von einem Boten überbracht. Über Lolas Gesicht huscht ein vielsagendes Lächeln. Der Bitte des Souveräns nach einem zweiten Auftritt kommt sie gern nach. Auch er ist ein durchschlagender Erfolg. München steht in ihrem Bann, und das wird in den nächsten sechzehn Monaten so bleiben. Nie vor- und nachher in der jahrhundertelangen Geschichte der Stadt hat eine Frau so viel Aufmerksamkeit beansprucht, so viel Aufruhr verursacht, die Bürgerschaft so gespalten wie diese exzentrische, charmante, freigeistig gesinnte, mutige, jedwede Konvention missachtende Frauensperson.

König Ludwig I. von Bayern war keineswegs ein Adonis. Er hatte ein scharfgeschnittenes, von einer großen, vorspringenden Nase dominiertes, pockennarbiges Gesicht, das Intelligenz ausstrahlte, eine hohe Stirn und graublaue Augen, die prüfend in die Welt blickten. Seinen Kopf zierte eine künstlerisch anmutende Lockenpracht, seine Figur war bis in das Alter rank und schlank.

Ludwig war von Geburt an schwerhörig, ein körperliches Gebrechen, an dem er schwer zu tragen hatte. Es machte ihn gegenüber seiner Umgebung und seinen Mitmenschen misstrauisch, vor allem wenn er hinter ihrem Verhalten Illoyalität oder gar Verrat zu wittern glaubte. Er konnte dann schroff und zurückweisend sein, doch hatte er ein durchaus freundliches und heiteres Naturell. Er sprach laut (eine Konsequenz seiner Schwerhörigkeit) und war manchmal schwer zu verstehen, wenn er aus innerer Erregung ins Stottern kam.

Der älteste Sohn Maximilians I. Joseph, des ersten Königs von Bayern, wurde am 25. August 1786 in Straßburg geboren. Er erlebte als Kind die Auswirkungen der Französischen Revolution und der Napoleonischen Ära. Es waren Eindrücke, die ihn politisch prägten. Aus diesen Tagen stammen seine feindliche Einstellung gegenüber Frankreich und sein betontes Deutschtum.

Von geistlichen Lehrern zu Frömmigkeit und strengem Pflichtbewusstsein erzogen, waren Wahrheitsliebe, ein ausgeprägtes Gerechtigkeitsempfinden, ein betont herrscherliches Selbstbewusstsein und ein hoch entwickelter Kunst- und Schönheitssinn die hervorstechendsten Charaktereigenschaften seiner vielschichtigen Persönlichkeit. Selbst literarisch tätig – Ludwig schrieb eine Flut von mittelmäßigen Gedichten, die er der Öffentlichkeit vorlegte –, war er ein großer Freund und eifriger Förderer von Dichtern, Bildhauern, Malern und Architekten. Ihnen, denen er sich zugehörig fühlte, brachte er großes Verständnis und große Verehrung entgegen.

Am 12. Oktober 1810 vermählte sich der bayerische Kronprinz mit der achtzehnjährigen Prinzessin Therese von Hildburghausen, die aus einer protestantischen Familie stammte. Es fiel ihm nicht leicht, sein ungebundenes Junggesellenleben aufzugeben, und er war auch gar nicht willens, gänzlich darauf zu verzichten. Noch vor der Eheschließung bereitete er die Braut schonend darauf vor. „Wie weit bin ich entfernt von Vollkommenheit!", schrieb er ihr. „Überspannte Erwartung mindert sie mehr als die Wirklichkeit. Geliebte Therese, präge Dir dies tief ein, es ist Wahrheit, Deiner Zukunft Glück hängt davon ab."

Es waren Warnungen, die der schlichten, gutherzigen Therese hätten zu denken geben müssen. Ludwig hatte ein großes Herz, er war ein schwärmerischer Ästhet, der für Frauenliebe und Frauenschönheit viel übrig hatte, der vor menschlichen Bin-

*Ludwig I., König von Bayern
und seine Gemahlin Therese*

dungen zurückscheute und sich keine Fesseln anlegen ließ. Therese akzeptierte diesen Wesenszug, zunächst aus bräutlicher Unbeschwertheit, später aus lebenskluger Einsicht. Die Ehe war glücklich. Therese liebte ihren Mann trotz seines Gefühlsüberschwangs, seiner Liebeleien und Liebschaften, über die sie mit zunehmenden Jahren mit vermindertem Widerstreben hinwegsah. Sie war ihren neun Kindern, die sie in den Jahren zwischen 1811 und 1828 zur Welt brachte, eine ausgezeichnete Mutter. Eine einfühlende, geistreiche, verständnisvolle Muse war sie Ludwig nicht. Der Gatte, der weiblichen Reizen nicht widerstehen konnte, schwärmte, verliebte sich, fand, was er suchte, und verschenkte sein Herz auch für längere Zeit, etwa an die aparte Marianna Marchesa Florenzi, seiner „Freundin fürs Leben", der er an die zweitausend Liebesbriefe schrieb. Seiner Gattin, mit der der strenggläubige Katholik den Bund für das Leben geschlossen hatte, fühlte er sich dennoch eng verbunden.

Der ungestüme, unternehmungslustige Kronprinz musste lange warten, ehe er seinen Schaffens- und Gestaltungsdrang in die Tat umsetzen konnte. Er war bereits neununddreißig Jahre alt, als er 1825 nach dem Tod des Vaters die Zügel der Herrschaft ergriff. Sogleich begann der trotz einer geschriebenen Verfassung autokratisch regierende Herrscher die Pläne umzusetzen, die er so lange im Kopf mit sich herumgetragen hatte. Er verlegte die Universität von Landshut nach München, hob die Presse- und Theaterzensur auf und ging mit unbeirrbarer Zielstrebigkeit daran, die zerrütteten Staatsfinanzen in Ordnung zu bringen.

Ludwig I. war ein Sparmeister. Er setzte Einsparungskommissionen ein, die die Aufgabe hatten, alle Zweige der Verwaltung zu durchforsten. Das Militärbudget wurde gekürzt, die Auf- und Ausgaben der einzelnen Ministerien zurechtgestutzt, die Gehälter der Staatsbeamten herabgesetzt, die Staatsschulden verringert. Nach heutigen Sprachgepflogenheiten könnte man sagen: Ludwig I. schuf einen schlanken Staat.

Der König ging bei seinem Sparprogramm mit gutem Beispiel voran. Zum Erstaunen der Hofbediensteten rasierte er sich selbst, er lehnte es ab, sich an- und ausziehen zu lassen, der Leibarzt durfte nicht mehr in einer Hofequipage, sondern musste in einem einfachen Gefährt vorfahren, jede kleinste Reparatur bei Hof bedurfte der Genehmigung. Die Königin musste beim Kauf eines teureren Kleidungsstückes den Gemahl um Erlaubnis bitten, für jeden ihrer Kuraufenthalte und jede ihrer Reisen musste der königlichen Kabinettskasse ein Kostenvorschlag vorgelegt werden. Das muss man schon deshalb als knickerische Lieblosigkeit bezeichnen, weil Ludwig andererseits beim Unterhalt seiner Geliebten keineswegs kleinlich war.

Ludwig war ein ausgesprochen arbeitsamer Mensch. Er stand jeden Morgen zwischen vier und fünf Uhr auf und setzte sich nach dem Morgengebet an den Schreibtisch, wo täglich ein riesiger Stapel von Staatspapieren auf Durchsicht wartete. Er las jede Akte gründlich durch und brachte im Telegrammstil seine Anmerkungen an. Seine schriftlichen Reaktionen reichten von empörter Ablehnung bis zum aufmunternden Lob. In allen Fällen hatten sie den Charakter von Anordnungen und Befehlen. Die Minister hatten sich daran zu halten. Sie konnten ihm zwar ihre Ideen unterbreiten, ihre Wünsche und Meinungen mitteilen, aber die letzte Entscheidung traf er. Das Königreich Bayern wurde nach den Plänen und Einfällen des Königs regiert.

An erster Stelle im königlichen Regierungsprogramm (das natürlich nicht schriftlich fixiert war) stand die Förderung von Kunst und Wissenschaft. Der kunstbegeisterte Monarch handelte nach dem von ihm selbst stammenden Motto: „Ich will aus München eine Stadt machen, die Teutschland so zur Ehre gereichen soll, dass keiner Teutschland kennt, wenn er nicht München gesehen hat." Er hat diesen ehrgeizigen Anspruch verwirklicht und dafür keine Mittel, Mühen und Wege gescheut. In der Regierungszeit König Ludwigs I. entstanden das Odeon, die Glyptothek, der Königsbau der Residenz, die Alte Pinakothek, die Walhalla, die Staatsbibliothek, die Ludwigskirche, die Feldherrnhalle, Bauwerke von beeindruckender Monumentalität und Schönheit. Ludwig I. ist das seltene Beispiel eines Monarchen, der nicht als Kriegs- sondern als Bauherr in die Geschichte eingegangen ist. In seiner Regierungszeit begann auch der Wandel Bayerns vom Agrar- zum Industriestaat.

Ludwig I. stand als junger Herrscher den liberalen Strömungen der Zeit wohlwollend und aufgeschlossen gegenüber. Er war gut katholisch gesinnt, aber er war kein Zelot und widersetzte sich energisch allen Bestrebungen einiger katholischer Kirchenfürsten, den Einfluss der Kirche auf Kosten des Staates auszuweiten. Gegenüber den religiösen Minderheiten in seinem Land übte er Toleranz, den Protestanten, die ein Drittel der Gesamtbevölkerung ausmachten, brachte er Verständnis entgegen, gehörten doch seine Stiefmutter und seine Frau dem evangelischen Glaubensbekenntnis an.

Als es 1830 im Gefolge der Revolution in Frankreich auch in München zu lärmenden Unruhen kam, gab der König seine liberalen Grundsätze auf und schlug eine konservative Politik ein. Im Sinne dieser politischen Kehrtwendung berief Ludwig den ultrakatholischen Juristen Karl August von Abel zum Ministerpräsidenten und Innenminister, der einen streng antiliberalen, klerikalen Kurs steuerte. Das Abel-Ministerium war noch im Amt, als die moralisch und charakterlich hemmungslose Lola Montez mit ihren unkonventionellen Tanzschritten im Theater und ihrem provokanten Auftreten in der Öffentlichkeit die katholische Weltordnung in München in Frage stellte.

Das Herz des alternden Königs, der von seiner Jugend längst Abschied genommen hat, aber im Herbst seines Lebens für Frauenschönheit noch immer empfänglich ist, steht nach beiden Theaterabenden in Flammen. Er muss die wunderschöne Tänzerin an München binden, koste es, was es wolle. Sogleich erteilt er seinem Hofmaler Joseph Karl Stieler, einem Meister der Porträtkunst, den Auftrag, Lola Montez für seine Schönheitengalerie in der Residenz zu malen. Das gibt ihm die Gelegenheit, sie näher kennen zu lernen, denn er will bei den Porträtsitzungen unbedingt dabei sein.

Die Tänzerin stimmt selbstverständlich zu, und sie zeigt sich im Atelier Stielers von ihrer charmantesten Seite. Sie unterhält sich mit dem König auf Spanisch über die verschiedensten Themen, erzählt ihm (unwahre) Geschichten über ihr Leben, singt ab und zu mit ihrer dunklen, weichen Stimme schmachtende spanische Lieder, greift zur Gitarre, schäkert, gurrt, turtelt.

Ludwig ist verzaubert. Er kritzelt in fehlerhaftem Spanisch (auch seine deutschen Reime sind holprig und unbeholfen) Liebesgedichte in sein Notizbuch und vertraut sich seinem alten Freund Heinrich Freiherrn von der Tann an: „Vor mehr als zwölf Jahren äußerten Sie mir, es wäre etwas erfreuliches, mit achtundvierzig Jahren (mein damaliges Alter) ein Herz erobert zu haben", begann er sein aufschlussreiches Schreiben. „Was aber sagt mein lieber Tann erst dazu, wenn ich sage, dass der sechzig Jahre alte, einer zweiundzwanzigjährigen, schönen, Kenntnisse besitzenden, geistreichen, Herzensgüte habenden Südländerin, von Geburt einer adeligen… Leidenschaft eingeflößt hat, ihre erste!"

Da stimmte schon einmal das Alter der Tänzerin nicht (sie war achtundzwanzig), und dass er ihre erste Leidenschaft war, was sie ihm natürlich einredete, muss man angesichts der Kenntnis ihres Vorlebens geradezu als Frivolität bezeichnen. Aber was soll's? Der König glaubte es ihr und setzte fort: „Kurzen Aufenthalt hier nur machen wollend, weinte sie an die Abreise denkend. Sie ergriffs, sie könnte nicht scheiden. Sie brach alle Verhältnisse ab, gab alles auf, ließ sich in München nieder. Bewunderung… wegen allem, was ich vollbracht, erfüllte sie anfangs für mich, Liebe kam dann dazu. Und ich kann mich mit dem Vesuv vergleichen, der als erloschen galt, bis er plötzlich wieder aufbrach…" Er fühle sich wie ein Jüngling von zwanzig Jahren, sein Blut walle heiß, seine Gedanken seien reiner und besser, sein Leben habe einen neuen Schwung bekommen, er sei glücklich, schwelgte der Sechzigjährige in vernarrter Verliebtheit. Der Brief hätte von einem Pubertierenden geschrieben sein können. Aber es war schlicht Alterstorheit.

Ludwig hielt die vielen Liebschaften, die er in seinem Leben hatte, im wesentlichen geheim. Nur ein kleiner Kreis von Vertrauten und Eingeweihten wusste davon. Jetzt macht er sich nicht die Mühe, seine neue Bekanntschaft, seinen Schwarm, vor irgendjemandem zu verbergen. Er besucht die Angebetete am helllichten Tag in ihrer Wohnung, legt den kurzen Weg dorthin zu Fuß zurück. Die Münchener sind daran gewöhnt, ihrem König in den Straßen der Stadt zu begegnen. Sie ziehen dann freundlich den Hut vor ihm, und wenn sie es nicht tun, reißt er ihn ihnen mit dem Ruf: „Hut ab, der König", vom Kopf. Ludwig ist beliebt, er ist ein bayerisches Original, man belächelt seine Urwüchsigkeit, seine exzentrischen Lieben und Vorlieben. Über seine neue Favoritin rümpfen freilich viele von ihnen die Nase.

Lola Montez hat längst erkannt, dass der König Wachs in ihren Händen ist. Er liest ihr jeden Wunsch von den Lippen ab. Er stellt ihr gleich neben der Hofloge eine eigene Loge zur Verfügung, bewilligt ihr eine Dienerschaft, die auf ihren Livreen ein Wappen mit einer neunzackigen Krone tragen darf, und vermacht ihr in einem Nachtrag zu seinem Testament, falls sie bei seinem Tod weder verheiratet noch verwitwet ist, einen Betrag von 100 000 Gulden. „Ich müsste kein Mann von Ehre sein, kein Gefühl haben, wenn ich nicht sorgte für sie, die alles wegen mir aufgab, die keine Eltern mehr, keine Geschwister, die auf der weiten Erde niemand hat als mich; dennoch ging sie mich im geringsten nicht an, in meiner letztwilligen Verfügung ihrer zu gedenken, aus eigenem Antrieb geschieht dies. Ihre Bekanntschaft hat mich reiner gemacht, besser. Therese, mein liebes, gutes, edles Weib, beurteile mich nicht ungerecht", begründet er diesen Schritt gegenüber seiner Gemahlin. Es ist eine Zumutung, die man heute nur schwer verstehen kann.

Der König sorgt auch mit anderen Verfügungen dafür, dass seine Geliebte ein auskömmliches Leben führen kann. Er setzt ihr ein jährliches Gehalt von 10 000 Gulden aus, das in monatlichen Raten ausbezahlt wird. Ein Universitätsprofessor musste sich damals vergleichsweise in München mit 2 000 Gulden pro Jahr begnügen, mit 500 konnte man gut leben. Nicht genug damit, kauft er ihr in der Barer Straße Nr. 7 ganz in der Nähe der Residenz ein Haus, dessen Umgestaltung fast 40 000 Gulden kostet, wesentlich mehr, als ursprünglich dafür veranschlagt worden ist. Aus dem Haus ist ein kleiner Palast geworden mit beweglichen Eisenläden vor den Fenstern (für München eine absolute Neuheit), vergoldeten Türgriffen in allen Räumen. Die Zimmer sind höchst elegant und kostbar eingerichtet, ein gläsernes Treppenhaus führt zum Boudoir und zum Schlafzimmer im oberen Stock.

Lola Montez hält hier Hof, lässt sich bedienen, spielt die Grand Dame und genießt den Luxus, den ihr der König von Bayern bietet, in vollen Zügen.

Dankbar ist sie ihm hierfür nicht. Sie bringt Ludwig ganz im Gegenteil durch ihr ungezügeltes Temperament und ihr impertinentes, undamenhaftes Benehmen immer wieder in größte Verlegenheit, verursacht einen Skandal nach dem anderen, provoziert die Bürgerschaft, reizt sie bis zur Weißglut. Die Tänzerin, die in München bereits als die Mätresse des Königs gilt, mischt sich in alle möglichen Händel ein, zertrümmert, wenn sie in Wut gerät, Fensterscheiben, schlägt mit den Fäusten zu, traktiert bei Auseinandersetzungen ihre Gegner mit der Reitpeitsche, bedroht sie mit dem Revolver. Die Polizei hat alle Hände voll zu tun, die Ruhe und Ordnung wiederherzustellen, der Polizeidirektor berichtet dem König über die Vorfälle, holt Erkundigungen über die Vergangenheit der ruchlosen Tänzerin ein.

Der verblendete Monarch zeigt sich ungerührt, weist alle Vorwürfe zurück, glaubt nicht den offiziellen Darstellungen seiner Beamten und Minister, sondern den Einflüsterungen seiner Geliebten, die sich als Opfer von Intrigen sieht und jede persönliche Schuld weit von sich weist. „Eine Fremde, die in München bleiben will, die schön ist, die vom König geliebt wird, die geistreich, was bedarf es noch mehr, um Feindschaft, Lüge, Verfolgung zu erregen", rechtfertigte Ludwig sein Verhalten gegenüber seinem alten Freund von der Tann und fuhr fort: „Auch dieses wird sich legen, auch darüber wird Beharrlichkeit siegen. Sie ist nicht nur eine mich Liebende, sondern gleichfalls Freundin. Wahrheit, erklärt sie mir, würde sie immer mir sagen, und schon manches, was mir unangenehm klang, sagte sie mir."

Der Kirche, den Klerikalen unter der Führung des Ministerpräsidenten Abel, dem Adel und großen Teilen der Bürgerschaft ist die spanische Tänzerin von allem Anfang suspekt gewesen. Das fremdländische Frauenzimmer, dessen äußere Erscheinung so gar nicht zu München passt, eckt bei jeder Gelegenheit an, äußert offen und unverhüllt seine freisinnigen Ansichten, wettert gegen die Jesuiten und bezirzt den König. Nein, sie verhext ihn, sie ist ein Werkzeug des Teufels. Sie beeinflusst seine Entscheidungen, lässt nicht locker, bis sie ihren Willen durchgesetzt hat. Wenn das so weitergeht, wenn man nichts unternimmt, wird sie aus München eine Lasterhöhle machen und ganz Bayern in Verruf bringen. Gegen diese Dirne, diese Satanstänzerin muss etwas unternommen werden. Man beratschlagt, überlegt, was am besten zu tun sei. Der König, das ist bekannt, steht zu seinem Wort, ist von einem Entschluss, den er gefasst hat, schwer abzubringen. Man muss ihn davon überzeugen, dass die Geliebte seines Herzens ein unwürdiges Spiel mit ihm treibt, ihn hinter seinem Rücken betrügt.

Es gelingt ihnen, die Gesellschafterin der Tänzerin für sich zu gewinnen und sie zu veranlassen, über die Vorgänge in der Wohnung der königlichen Mätresse ein Tagebuch anzulegen, das man bei Gelegenheit dann dem König unterbreiten will. Das geschieht denn auch. Ludwig blättert die Aufzeichnungen durch, in denen von nächtlichen Männerrunden die Rede ist, von Gelagen und Bettszenen. Er ist zutiefst getroffen, fällt auf die Knie, weint. Er ruft die Beschuldigte herbei und konfrontiert sie mit den ihm hinterbrachten Vorwürfen. Seine geliebte Lolitta bricht in einen fürchterlichen Wutanfall aus, schreit, das alles sei erstunken und erlogen, sie werde München verlassen, falls sie sein Vertrauen nicht mehr genieße. Die heftige Erregung ebbt langsam ab, löst sich in Tränen auf. Der König ist von ihrer Unschuld überzeugt, beteuert ihr seine Liebe. Noch am selben Tag berichtet er seinem Freund von der Tann stilistisch unbeholfen: „Wir setzten uns nebeneinander, sprachen spanisch traulicher Weise, Tränen entstürzten ihr, versöhnt waren wir, sie verlässt mich nicht. Würden auch alle Beschuldigungen begründet gewesen sein und wären reuemütig sie von ihr gestanden worden, alles hätte ich verziehen, so sehr leidenschaftliche Liebe erfüllt mich."

Der Verleumdungsplan ist gescheitert, Lola Montez sitzt fester im Sattel denn je.

Die Gegner geben nicht auf. Sie setzen eine Pressekampagne in Gang, an den Haus- und Plakatwänden werden an allen Ecken und Enden Münchens Schmähschriften mit groben Spottversen über die „Hure Montez" affichiert, der König erhält anonyme Zuschriften, die an Deutlichkeit nichts zu wünschen übrig lassen. Man macht ihn darauf aufmerksam, dass ein Leutnant der königlichen Armee, ein gewisser Friedrich Nußbammer, in der Barer Straße ein und aus geht. Das macht ihn stutzig. Er hat den Leutnant bei seinen Hausbesuchen schon des öfteren in Gesellschaft Lolittas (so nennt er sie) angetroffen. Von Eifersucht geplagt, versetzt er ihn kurzerhand in eine andere Garnison, beruft ihn dann auf Bitten seiner Geliebten wieder zurück. Alle diese Intrigen sind erfolglos. König Ludwig I. hält an Lola Montez fest, er ist ihr mit Haut und Haar verfallen.

Die Widersacher der Tänzerin bringen nun die Familie ins Spiel. Ludwigs Schwester Karoline Auguste, die Witwe des österreichischen Kaisers Franz I., bittet den Bruder flehentlich, in seinem eigenen Interesse und in dem des Landes die Liebesaffäre zu beenden. Der König erwidert ihr knapp, fast unwirsch, sie solle sich nicht in seine Angelegenheiten einmischen.

Die nächsten, die ihn zu einer Sinnesänderung zu bewegen versuchen, sind die Bischöfe. Sie appellieren an sein Gewissen, setzen ihn moralisch unter Druck. Der Fürsterzbischof von Breslau, Kardinal Melchior Freiherr von Diepenbrock, interveniert mit einem bilderreichen Schreiben, das mit der unverhohlenen Aufforderung endet: „König Ludwig, erwache aus Deinem Taumel und ermanne Dich, wirf ab die Zauberbinde, reiße aus den Giftbaum, zertritt, verbanne die Schlange. Beruhige, tröste, befriedige Dein Volk."

Der König reagiert tief empört. „Der Schein trügt", schrieb er dem Kirchenfürsten zurück, „Mätressenwirtschaft mochte ich nie und mag sie nicht, Bekanntschaften hatte ich aber fast immer, welche meine Phantasie anregten ... Wie der Schein trügt, will ich Ihnen sagen, indem ich hier mein *Ehrenwort* gebe, dass ich nun im vierten Monate weder meiner Frau noch einer anderen beigewohnt, und vorher es beinahe fünfe waren, in welchen ich mich dessen enthalten ..."

Dass ein Souverän sein Sexualleben preisgibt, ist ungewöhnlich. Beispiellos war es, dass Ludwig dem Dechant des Münchener Domes eine Abschrift des Antwortschreibens mit der ausdrücklichen Weisung übersandte, sie allen Bischöfen in seinem Königreich zuzusenden. Die königliche Beichte machte natürlich über den Kreis des Episkopates hinaus die Runde. Für Spott war hinreichend gesorgt.

Mögen bis zu diesem Zeitpunkt (Februar 1847) die Beziehungen des Herrschers zur Auserwählten seines Herzens platonischer Natur gewesen sein, sie blieben es nicht. Als ein paar Monate später Königin Therese zur Kur nach Franzensbad reiste, verbrachte Ludwig eine Nacht bei seiner Lolitta. Die aber trieb es daneben mit einem Jüngeren, einem Studenten namens Fritz Peißner, den die welterfahrene Künstlerin die Liebeskunst lehrte und der in München – was verständlich ist – einer ihrer glühendsten Gefolgsleute war. Der in diesem Fall nicht gekrönte, sondern gehörnte König hat von diesem Verhältnis nie etwas erfahren.

Nach der offenen Einmischung von kirchlichen und klerikalen Kreisen in sein Privatleben ist Ludwig fest davon überzeugt, dass es dieser politischen Richtung nur darum geht, sein königliches Ansehen zu untergraben, wozu er selbst natürlich redlich beigetragen hat. Sein herrscherliches Selbstbewusstsein ist tief verletzt. Er will und kann sich das Treiben gegen Lolitta, das natürlich indirekt auch ihm gilt, nicht länger tatenlos gefallen lassen. Er beschneidet den Wirkungskreis des klerikalen Ministerpräsidenten. Schule und Kirche werden vom Innenministerium herausgelöst und dem weniger konservativen Justizministerium übertragen. Diese Maßnahme ist als Warnung an die

Ultramontanen gedacht und wird von diesen auch so verstanden.

Die Privatangelegenheit des Herrschers beginnt eine politische Dimension anzunehmen. Um die „Ausländerin" vor den Umtrieben der Klerikalen zu schützen, entschließt sich der König zu einem folgenschweren Schritt: er will sie einbürgern, ihr die bayerische Staatsbürgerschaft verleihen. Sein Vorhaben stößt beim Staatsrat, der sich mit der Angelegenheit befassen muss, auf Widerstand und schließlich auf Ablehnung. Man wisse nicht, argumentieren die Minister, wie die Dame heiße, ob sie ledig oder verheiratet, Engländerin oder Spanierin sei. Es fehle somit die rechtliche Grundlage für die Ausfertigung einer Einbürgerungsurkunde. Der König reagiert wütend. „In Bayern besteht das monarchische Prinzip", erklärt er kategorisch. „Der König befiehlt und die Minister gehorchen. Glaubt einer, es sei gegen sein Gewissen, so gibt er das Portefeuille zurück und hört auf Minister zu sein. Der König lässt sich nicht von solchen vorschreiben, was er tun und lassen soll."

Daraufhin verfasst das Ministerium Abel ein Memorandum und bietet geschlossen seinen Rücktritt an. Zur Überraschung des Ministerpräsidenten nimmt Ludwig die Demission an. Trocken berichtet er seinem Freund von der Tann: „Es ist so weit gekommen, die Frage, ob der König oder Jesuitenpartei herrschen werde. *Ich habe sie gelöst."*

Ludwig ernennt ein neues Ministerium, das die Zensur aufhebt und liberale Reformen in Angriff nimmt. Der freiheitliche Teil des Volkes atmet auf, die königliche Mätresse triumphiert. Hat sie politischen Einfluss genommen, wie das von Münchener Kreisen behauptet wird? Sie hat es versucht, aber der König lässt sich in politischen Angelegenheiten nichts dreinreden. Durch ihr Auftreten hat sie die Entscheidung aber wohl vorangetrieben. Die Konservativen haben eine Schlacht verloren, sie geben sich jedoch nicht geschlagen. Nun tritt die Universität auf den Plan. Das Professorenkollegium spricht Karl von Abel für „seine erhebende Haltung in den verhängnisvollen Tagen" den Dank aus. Der Münchener Stadtrat schließt sich an.

Der König nimmt den Fehdehandschuh auf. Er versetzt den Professor, der als treibende antikönigliche Kraft aufgetreten ist, in den Ruhestand und tritt mit dieser Entscheidung eine Lawine los. Die in überwiegender Zahl streng katholisch erzogenen und gesinnten Studenten solidarisieren sich mit ihren Lehrern, rotten sich zusammen und marschieren jubelnd und singend zum Haus der Tänzerin. Tausende Bürger schließen sich ihnen an. Lola Montez prostet den Demonstranten von einem Fenster aus mit einem Glas Sekt in der Hand zu und schürt deren Wut.

Als dem König die Vorgänge gemeldet werden, bietet er die Polizei auf. Ein Zusammenstoß zwischen der Staatsgewalt und dem Volk scheint unvermeidlich. Da schreitet der König persönlich ein. Er verlässt die Residenz, bahnt sich erhobenen Hauptes einen Weg durch die Menge und begibt sich zu seiner Favoritin. Berittene Truppen räumen die Straße, die Menge zieht weiter und beginnt, die Fenster der Residenz einzuschlagen. Ludwig macht sich auf, um die Leute zu beruhigen. Diesmal verweigert man ihm den nötigen Respekt, johlt, pfeift ihn aus. Erst spät abends kehrt in München wieder Ruhe ein.

Die turbulenten Ereignisse haben Ludwig I. stärker zugesetzt, als er sich eingestehen will. Der psychische Druck, dem er seit Monaten ausgesetzt ist, macht sich mit einer Krankheit Luft. Im März 1847 wird er wieder einmal von der Schuppenflechte heimgesucht. Sein Gesicht ist entstellt, er verlässt seine Räume nicht. Da er Lolitta nicht besuchen kann, kommt sie in die Residenz. Das rührt ihn. Sie kommen einander emotionell näher.

Der König verzichtet in diesem Jahr auf die traditionelle Italienreise. Er will den Sommer nicht mit seiner Familie, sondern mit Lola Montez verbringen. Die Hetze gegen die Tänzerin ist abgeebbt, er will sich ein paar Monate fernab von den Staatsgeschäften, den Umtrieben und Tratschereien gegen ihn und seine Geliebte erholen. Seine guten Vorsätze und Absichten erfüllen sich nicht ganz, seine Erwartungen werden enttäuscht. In Bamberg wird die Montez sehr unfreundlich empfangen, sie selbst benimmt sich in der Sommeridylle Ludwig gegenüber in

Anwesenheit von der Tanns anmaßend und respektlos. Es kommt zum erstenmal zwischen den beiden zu einer heftigen Auseinandersetzung. Lola schmollt. Sie lässt packen und bestellt einen Reisewagen. Als der König davon erfährt, eilt er zu ihr und bittet sie um Verzeihung, die sie ihm gnädigst gewährt. Ihre Stimmung schlägt um, sie ist entgegenkommend und liebevoll. Und schon setzt sie auch ihren nächsten Wunsch durch. Der König hat versprochen, sie zur Gräfin zu machen. Sie möchte, dass er sein Versprechen nun wahr macht.

Anfang August 1847, noch vor seiner Rückkehr nach München, lässt Ludwig seinem Ministerpräsidenten Georg von Maurer folgende Anweisung übermitteln: „Der Señora Montez ist der gräfliche Stand zu verleihen. Ich wünsche dabei keinerlei Einwände zu hören, denn ich habe ein königliches Versprechen zu erfüllen." Der Geliebten, die er davon unterrichtete, gesteht er: „Ich kann ohne die Sonne über mir sein, nicht aber ohne Lolitta, die in meine Seele scheint."

Für neuen Zündstoff ist gesorgt. Der Ministerpräsident erhebt gegen die königliche Anordnung Einwände. Der Adel werde die Standeserhöhung der Tänzerin als Beleidigung empfinden, der König steuere das Land dem Abgrund zu. Maurer nimmt sich kein Blatt vor den Mund, der Ton seines Antwortschreibens ist unehrerbietig, beinahe schroff. Ludwig schäumt. So kann und will er nicht mit sich reden lassen. Er hat ein Versprechen gegeben und er wird es unter allen Umständen halten. Der Ministerpräsident fügt sich und unterschreibt das Diplom. Am 25. August 1847, auf den Tag genau am 61. Geburtstag des Königs, wird die Erhebung der Lola Montez zur Gräfin von Landsfeld öffentlich verkündet.

Das Unerhörte ist geschehen. Die dahergelaufene Tänzerin, die „Hure des Königs", ist in den Adelsstand erhoben worden. Die Empörung schlägt nicht nur in aristokratischen Kreisen hohe Wellen. Wilde Gerüchte schwirren durch die Stadt. Die königliche Mätresse soll bei Hof vorgestellt werden, die Minister sollen gezwungen werden, ihr einen Besuch abzustatten. Damit wäre die Montez gesellschaftlich rehabilitiert. Freilich, so weit kommt es nicht. Die Königin, die das verliebte Treiben ihres Gemahls bislang hingenommen hat (wie sehr muss sie darunter gelitten haben!), lehnt es kategorisch ab, der Nebenbuhlerin zu begegnen. Und obwohl sie den Gatten täglich sieht, deponiert sie ihre Meinung schriftlich. „Ich bin es meiner Frauenehre schuldig – die mir teurer als das Leben –, diejenige, welcher Du eine Standeserhöhung verliehst, nie – unter keinen Bedingungen von Angesicht zu Angesicht zu sehen", teilt sie dem Souverän mit. Und sie setzt hinzu: „Und nun auch kein Wort mehr, weder schriftlich noch mündlich, über diese schwierige Angelegenheit." Der König weiß nun, woran er ist.

Die frisch gebackene Gräfin Landsfeld ist keineswegs gesonnen, ein anderes Leben zu führen, ihr Temperament im Zaum zu halten. Ihren Charakter kann sie nicht ändern. Sie ist anmaßender, herrischer denn je. Sie verfolgt ihre Gegner mit unerbittlicher Rachsucht und versucht, ihre wenigen Freunde in einflussreiche Positionen zu bringen.

Mit eifersüchtigem Unbehagen registriert der erschöpfte Monarch, dass sich seine Geliebte neuerdings mit jungen Leuten umgibt. Es sind Studenten, Angehörige einer Burschenschaft namens Alemannia, über die Ludwig auf Drängen Lolittas seine schützende Hand hält. Sie sind eine Art von uniformierter Leibgarde der Gräfin, verbringen die Abende in ihrem Salon, schäkern und zechen mit ihr, begleiten sie überallhin, in das Kaffeehaus, auf Ausflügen in die Umgebung. Ihr Anführer, der bereits genannte Fritz Peißner, beglückt sie im Bett. Trotz ihrer Treueschwüre unterhält sie auch mit einem anderen Studenten eine intime Beziehung.

Als der König von den Umtrieben seiner gräflichen Mätresse erfährt, fällt er aus allen Wolken. Aber anstatt sie zu verjagen oder zumindest zur Rede zu stellen, vertraut er seinen gekränkten männlichen Stolz einer Schrift mit dem Titel „Meine Situation" an, die in der Feststellung gipfelt: „Sie möchte auf ihre Weise leben, mit Studenten und ohne die geringste Rücksicht auf mein Herz und meinen Ruf, und sie erniedrigt mich in der Meinung der Öffentlichkeit."

Die Gräfin Landsfeld setzt unterdessen ihren provozierenden Lebensstil munter fort. Sie lässt sich bei Spaziergängen in der Stadt häufig von Lakaien begleiten, was der Königin und der Kronprinzessin vorbehalten ist, sie pöbelt vornehme Damen an, die sie nicht grüßen.

Ende Januar 1848 gibt es einen Zwischenfall, der die rebellische Studentenschaft in hellste Aufregung versetzt. Professor Joseph von Görres, der allseits geachtete Vorkämpfer des politischen Katholizismus, der am 29. des Monats verstorben ist, wird zu Grab getragen. Der Trauerzug begegnet auf dem Weg zum Friedhof der Gräfin Landsfeld. Einige Studenten, die sie erkennen, beginnen, sie auszupfeifen. Es kommt zu einem erregten Wortwechsel. Gendarmen müssen die Geliebte des Königs vor Tätlichkeiten schützen und sie in Sicherheit bringen.

Im Gefolge dieses Vorfalles kommt es an der Universität immer häufiger zu Zusammenstößen zwischen den mehrheitlich reaktionär gesinnten Studenten und den „Lolianern", wie man die Anhänger der Gräfin mit verächtlicher Ironie nennt. Wenn ein Alemanne einen Hörsaal betritt, wird er verhöhnt, ausgepfiffen und mit sanfter Gewalt aus dem Saal hinauskomplimentiert. Die unerquicklichen Szenen setzten sich auf der Straße fort, antikönigliche Kundgebungen gehören in München zum politischen Alltag. Die Universitätsbehörden und der zuständige Minister versuchen vergebens zu beschwichtigen. Es riecht nach Aufruhr in der Hauptstadt der Könige von Bayern.

Am 9. Februar 1848 herrscht in München herrliches Winterwetter. Ein strahlender Tag zieht ins Land. Das Leben nimmt nach ein paar ruhigen Tagen offenbar weiter seinen normalen Gang. Da kommt es aus einem nichtigen Anlass wieder zu einem Zusammenstoß zwischen den miteinander verfeindeten Studentengruppen, die in Tätlichkeiten ausarten. Einige Mitglieder der Alemannia werden niedergeschlagen, andere ergreifen die Flucht und werden von ihren Gegnern, denen sich eine lärmende, wild gestikulierende Menschenmenge angeschlossen hat, bis

„Lola Montez, Comtesse de Landsfeld. Ein Pas de deux", 1848

zu einem Kaffeehaus verfolgt, wo sie, von der Polizei geschützt, Zuflucht finden.

Als Lola Montez von den Vorgängen unterrichtet wird, nimmt sie eine Pistole an sich, zieht den Wintermantel an und begibt sich in ihrer Kutsche zur Polizeidirektion, um um stärkeren Polizeischutz zu ersuchen. Sie trifft den Polizeidirektor nicht an. Kurz entschlossen macht sie sich zu Fuß zum Odeonsplatz, dem Brennpunkt des Geschehens, auf, wo sich mittlerweile ungefähr 3 000 Menschen zusammengerottet haben. Unerschrocken nähert sie sich dem Platz. Plötzlich wird sie von der Menge umringt, Flüche werden gegen sie ausgestoßen, wilde Verwünschungen. Sie zieht die Pistole, wird niedergestoßen und kann sich zu guter Letzt nur mit größter Mühe und mit Hilfe einiger beherzter Männer einen Weg in die nahe gelegene Theatinerkirche bahnen. Von dort wird sie von berittener Polizei in die Residenz eskortiert, wo sie der König erleichtert in die Arme schließt.

Ludwig I. ist außer sich. Dem aufrührerischen Verhalten der Studenten muss Einhalt geboten werden. So kann es nicht weitergehen. Gegen die dringenden Einwände seines Ministerpräsidenten befiehlt er die Schließung der Universität.

Es ist ein Schlag ins Wespennest. Als die königliche Weisung öffentlich kundgemacht wird, rotten sich wieder Hunderte Studiosi zusammen, marschieren mit einem „Gaudeamus igitur" auf den Lippen durch die Innenstadt, ziehen Fäuste schüttelnd am Haus der verhassten Ausländerin vorüber. Tausende Bürger schließen sich ihnen an. Redner hetzen die Menge auf, Schmährufe auf den König und seine Mätresse erfüllen die Luft. Die Polizei greift ein, geht mit Bajonetten gegen die Demonstranten vor. Es gibt Verletzte und einen Toten. Die Kunde verbreitet sich wie ein Lauffeuer in der ganzen Stadt. Aus den Außenbezirken strömen Schaulustige und Randalierer in das Zentrum. Die Spirale der Gewalt beginnt sich zu drehen. Ist das noch zu bremsen?

Nun schaltet sich der Magistrat der Stadt in das Geschehen ein. Der Bürgermeister bricht an der Spitze einer Deputation zur Residenz auf, um den König zur Rücknahme seiner Entscheidung zu bewegen. Die Abordnung wird vom König nicht empfangen. Erst als ihn die Gattin und der Kronprinz dazu drängen, gewährt Seine Majestät den Vertretern der Bürgerschaft eine kurze Audienz. Ludwig bleibt hart. „Ich bleibe bei meiner Entscheidung. Ich lasse mir nichts abtrotzen. Das Leben können Sie mir nehmen, aber nicht meinen Willen", erklärt er unerbittlich. Er gießt mit diesem Beharrungsentschluss Öl in das Feuer des sich zu einem Aufstand entwickelnden Geschehens.

Die Bürger setzen den nächsten Schritt. Sie fordern die Entfernung der Tänzerin aus der Stadt. „Wir wollen Lola Montez aus München weghaben!" skandieren sie lautstark in den Straßen.

Der König will den Ernst der Situation noch immer nicht wahrhaben. Erst als der Ministerpräsident, die Minister, der Polizeidirektor und seine Familie ihn bestürmen, den Forderungen des Volkes nachzugeben, entschließt er sich schweren Herzens dazu, seine Geliebte zu bitten, die Stadt zu verlassen. *„Ich bitte Dich inständig:* Wenn Du mich je geliebt hast und mich jetzt noch liebst, dann fahre *für einen Tag fort"*, schreibt er ihr. „Wenn wegen Dir Blut vergossen wird, wird sich der Hass enorm steigern, und Deine Situation wird noch viel schlechter. *Das muss vermieden werden. Du weißt, dass die Welt mich nicht von Dir trennen kann."*

Der Bote, der das Schreiben überbringt, kommt bald darauf mit der Antwort zurück. Sie ist ablehnend. Lola Montez will die Stadt nicht verlassen.

Die Lage spitzt sich weiter zu. In der Barer Straße umlagern Tausende von Menschen das Haus der Tänzerin und drohen es zu stürmen. Der König wird von allen Seiten bestürmt, den Befehl zur Schließung der Universität wieder zurückzunehmen. Erst nach längerem Zureden kann er sich dazu entschließen. Die königliche Maßnahme entschärft die Situation ein wenig, aber die Gefahr eines Gewaltausbruches ist damit nicht gebannt.

Unterdessen beginnt der Mob, das Haus in der Barer Straße mit Pflastersteinen zu bewerfen. Fensterscheiben gehen zu Bruch, die Erstürmung des Gebäudes steht bevor. Jetzt erst ist die Tänzerin zur Flucht bereit. Sie steigt in die bereitgestellte Kutsche, das Tor wird aufgerissen, der Kutscher bahnt sich, wild auf die Pferde einschlagend, einen Weg durch die überraschte Menschenmenge. Kaum hat die Gräfin das Haus verlassen, dringt der Mob in das Gebäude ein und demoliert die Einrichtung.

Und was tut der König? Er eilt bei der Nachricht von den Vorgängen zu Fuß in die Barer Straße, klettert über den Gartenzaun an der Rückseite des Hauses – die Vorderfront ist durch die Menge blockiert – und wird prompt durch einen Steinwurf am rechten Arm verletzt. Als man ihn erkennt, jubelt ihm die Menge zu, er ersucht sie, von weiteren Plünderungen abzulassen und nach Hause zurückzukehren. Die Ansammlung zerstreut sich. Der König kehrt in die Residenz zurück. Er sieht blass und erschöpft aus. Die Ereignisse der vergangenen Tage sind ihm ins Gesicht geschrieben. Erst jetzt ringt er sich zu dem Entschluss durch, Lola Montez aus Bayern auszuweisen.

Der letzte Akt im bayerischen Königsdrama ist angebrochen. Lola Montez hat vorübergehend im Jagdschlösschen Blutenburg, einige Kilometer westlich von München, Zuflucht gefunden. Sie gibt sich nicht geschlagen. Sie will unter allen Umständen den König sprechen, ihn zur Rücknahme des Ausweisungsdekretes bewegen. Verkleidet kehrt sie nach München zurück. Es gelingt ihr, bis zu Minister Franz Berks, einem ihrer Bewunderer, vorzudringen. Kategorisch verlangt sie von ihm, zur Residenz gebracht zu werden. Berks lehnt ab. Er schiebt sie unter Bewachung von zwei Polizeikommissären per Eisenbahn nach Pasing ab. Von dort wird sie nach Lindau am Bodensee gebracht und überquert, mit einem falschen Pass versehen, an Bord des Dampfschiffes, das – Ironie des Schicksals – den Namen „Ludwig" trägt, die bayerisch-schweizerische Grenze.

Der König ist reizbar, verzweifelt, deprimiert. Sein Majestätsbewusstsein ist tief getroffen, das Volk hat ihm seinen Willen aufgezwungen. Das verkraftet er nicht. Nach wie vor hat er sich innerlich mit der Trennung von seiner Geliebten nicht abgefunden.

Die Tänzerin gaukelt ihm brieflich weiter vor, ihn aus ganzem Herzen zu lieben, und der törichte alte Mann glaubt es ihr. Er trägt sich sogar mit der Idee, den Rest seines Lebens mit ihr im Ausland zu verbringen.

In München ist nach außen hin Ruhe eingekehrt. Aber unter der Oberfläche gärt es. In diese spannungsgeladene Atmosphäre platzt am 29. Februar 1848 die Nachricht von den revolutionären Ereignissen in Paris. König Louis Philippe ist zur Abdankung gezwungen worden, Frankreich ist seit ein paar Tagen Republik. Der revolutionäre Funke springt auf München über. Barrikaden werden errichtet, Bürger und Studenten ziehen randalierend durch die Straßen und fordern lauthals Pressefreiheit, Ministerverantwortlichkeit, öffentliches Gerichtsverfahren, ein neues Wahlrecht. Am 6. März wird das Zeughaus gestürmt, das Volk bewaffnet sich. Dem König wird unverblümt die Niederbrennung der Residenz angedroht, falls er die Forderungen nicht erfüllt.

Ludwig kapituliert. Er unterzeichnet ein Dekret, in welchem er dem Volk fast alles zugesteht, was man von ihm verlangt. „Aufgehört zu regieren habe ich in jedem Falle, mag ich die Krone behalten oder niederlegen", notiert er in seinem Tagebuch. Er denkt bereits an Abdankung. Aber noch ist es nicht so weit. Noch steht ihm eine große Prüfung mit dramatischen Auswirkungen auf ihn selbst und sein Land bevor.

Die abenteuerlustige Femme fatale fasst den Entschluss, als Mann verkleidet und in Begleitung eines Bekannten nach München zurückzukehren. Sie will den König noch einmal sprechen und ihn dazu überreden, seinen Lebensabend mit ihr in der Schweiz zu verbringen. Die beiden treffen am 8. März 1848 spätabends in der Stadt an der Isar ein und werden in der Wohnung einer ehemals befreundeten Familie aufgenommen. Sie werden jedoch von einem Offizier, der im Erdgeschoß des Hauses wohnt, erkannt und kurze Zeit später, nachdem er die Polizei unterrichtet hat, von zwei Gendarmen in das Polizeipräsidium gebracht. Der Polizeidirektor ist konsterniert, als man ihn davon in Kenntnis setzt. Was tun? Er entschließt sich, den König zu informieren. Seine Majestät wird mitten in der Nacht geweckt. Verwundert nimmt er schlaftrunken die Meldung entgegen. Ohne eine Minute zu zögern, springt er aus dem Bett, kleidet sich an und eilt mit dem Polizeichef an seiner Seite dem Polizeipräsidium zu. Dort kommt es zwischen dem Monarchen und seiner Geliebten zu einer sentimentalen Wiedersehensszene, an die sich ein dreistündiges Gespräch anschließt. Dabei wird auch Finanzielles erörtert. Der König verspricht, für den lebenslangen Unterhalt seiner Mätresse zu sorgen und kann sie dazu überreden, München endgültig zu verlassen. Um vier Uhr morgens kehrt er wieder in seine Gemächer zurück.

Die Anwesenheit der Tänzerin ist in München nicht unbemerkt geblieben. Die Zeitungen berichten in Schlagzeilen darüber, in der Stadt kursieren die wildesten Gerüchte. Am 16. März 1848 kommt es erneut zu Unruhen. Ein paar Tage zuvor ist Fürst Metternich aus Österreich vertrieben worden, die revolutionär Gesinnten schöpfen neue Hoffnung. Das Polizeigebäude wird gestürmt, der König wird gezwungen zu erklären, dass die Gräfin Landsberg keine bayerische Staatsbürgerin mehr sei und jede Behörde das Recht habe, sie zu verhaften, falls man sie im Lande antreffe. Für Ludwig ist jetzt das Maß voll. Am 19. März 1848 ruft er die Familienmitglieder zusammen und setzt sie von seinem Entschluss in Kenntnis, der Krone zugunsten seines ältesten Sohnes zu entsagen. An seine Lolitta schreibt er: *„... in dieser Stunde habe ich abgedankt,* freiwillig, ohne dass es jemand vorgeschlagen hätte ... Heute geht es mir gut. Seitdem ich meine Abdankungserklärung abgegeben habe, fühle ich mich wieder fröhlich ... Wenn er mit seiner Lolitta ist, wird glücklich sein Dein treuer Louis."

Drei Tage später lässt er sie wissen: „Ich habe auf die Krone verzichten können, aber nicht auf meine geliebte Lolitta. Das letzte Gespräch, das ich mit Dir hatte, hat mich bei meiner Entscheidung, abzudanken, sehr beeinflusst."

Am 20. März gibt er auch der Öffentlichkeit in einer

Abschiedsbotschaft seine Abdankung bekannt. Ein facettenreiches Kapitel bayerischer Geschichte ist zu Ende.

Die fanatische Leidenschaft des Ex-Königs für seine heuchlerische Geliebte ebbte nur langsam ab. Er blieb über Jahre hinweg weiter mit ihr in Briefkontakt, bezahlte ihren extravaganten Lebenswandel – insgesamt gab Ludwig I. für Lola Montez, wie ein Biograph errechnet hat, in zwei Jahren nach heutigem Wert etwa zweieinhalb Millionen Euro aus! – und ließ sich von ihr weiter an der Nase herumführen. Er plante ein Wiedersehen mit ihr und fragte sie, ob sie dann auch mit ihm schlafen wolle. „Natürlich", erwiderte sie, „und dann kannst Du mit mir mit großem Gusto und Vergnügen besar." Als er das las, „bekam er eine Erektion". Aus den verschiedensten Gründen wurde doch nichts daraus.

Nur langsam schlug seine Stimmung um, fielen ihm die Schuppen von den Augen, als ihm klar wurde, wie sehr diese raffinierte, mit allen Wassern gewaschene Frau ihn ausgenutzt und betrogen hatte.

Sie sahen einander nie wieder. Kurz nach dem letzten Brief, den er von ihr erhielt, schrieb Ludwig ein Gedicht, dessen letzte Strophe lautet:

Fürs Leben bleiben immer wir geschieden
Und nie und nimmer sehen wir uns mehr,
Lass mir des Herzens schwer errungnen Frieden,
Das Leben lastet ohne ihn so sehr.

Vergessen hat er seine Lolitta bis an sein Lebensende nicht. Der liebeshungrige König, der trotz seiner mit Blindheit geschlagenen Besessenheit in Bayern noch heute große Zuneigung genießt, starb am 29. Februar 1868 in Nizza.

Ludwig I., um 1860

LITERATURAUSWAHL

Ludwig XV. von Frankreich:

André, C.: Madame du Barry. Paris 1959
Antoine, Michel: Louis XV. Paris 1989
Bernier, Olivier: Ludwig XV. Eine Biographie. Zürich-Köln 1986
Hanken, Caroline: Vom König geküßt. Das Leben der großen Mätressen.
　Berlin 1996
Leroy, Alfred: Madame de Pompadour und ihre Zeit. Zürich 1938
Levron, Jacques: Ludwig XV. Der Vielgeliebte. Stuttgart 1967
Pleschinski, Hans (Hrsg.): Madame de Pompadour. Briefe.
　München-Wien 1999

Katharina II. von Russland:

Cronin, Vincent: Katharina die Große. München 1998
Erickson, Carolly: Katharina die Große. Eine deutsche Prinzessin auf dem
　Zarenthron. München 1995
Jena, Detlev: Potemkin. Favorit und Feldmarschall Katharinas der Großen.
　München 2001
Jessen, Hans: Katharina II. von Russland. Im Spiegel der Zeitgenossen.
　Düsseldorf 1970
Katharina die Große. Memoiren. Frankfurt am Main und Leipzig 1996
Oldenbourg, Zoé: Katharina von Russland. Deutsche Prinzessin auf dem
　Zarenthron. München 1973

Napoleon Bonaparte:

Brandys, Marian: Maria Walewska. Napoleons große Liebe. Frankfurt am
　Main 1971
Bruce, Evangeline: Napoleon und Joséphine. Das grandiose Bild einer
　Epoche. Bergisch Gladbach 1999
Castelot, André: Wunderbare Josephine. Eine Biographie. München 1970
Delderfield, Ronald: Napoleon und das zarte Geschlecht. Stuttgart 1960
Herre, Franz: Napoleon Bonaparte. Wegbereiter des Jahrhunderts. Mün-
　chen 1988

Schiel, Irmgard: Marie Louise. Eine Habsburgerin für Napoleon. Stuttgart 1983

Tulard, Jean: Napoleon oder der Mythos des Retters. Berlin 1982

Tulard, Jean: Napoleon. Liebesbriefe an Josèphine. Berlin 1985

FÜRST CLEMENS WENZEL LOTHAR METTERNICH:

Corti, Egon Caesar Conte: Metternich und die Frauen. Wien 1977

Gunst und Herz verbündet. Metternichs Briefe an die Gräfin Lieven. Wien 1942

Herre, Franz: Metternich. Köln 1983

Metternich, Clemens – Wilhelmine von Sagan. Ein Briefwechsel 1813-1815. Hrsg. von Maria Ullrichová. Graz 1966

Seward, Desmond: Metternich, der erste Europäer. Zürich 1993

Srbik, Heinrich Ritter von: Metternich. Der Staatsmann und der Mensch, 3 Bde. München 1925

KÖNIG LUDWIG I. VON BAYERN:

Corti, Egon Caesar Conte: Ludwig I. von Bayern. München 1937

Mann, Golo: Ludwig I., König von Bayern. Schaftlach 1989

Pottendorf, Erich: Lola Montez. Die spanische Tänzerin. Wien-München-Zürich 1955

Rauh, R.: Lola Montez. Die königliche Mätresse. München 1992

Seymour, Bruce: Lola Montez. Eine Biographie. München 2000

PERSONENREGISTER

211

BILDNACHWEIS

Bildarchiv der ÖNB, Wien: S. 21, 31, 42, 51, 61, 68, 81, 71, 77, 121, 127,
143, 148, 157, 167, 171, 181, 185, 200, 207

RMN-Arnaudet: S. 101, 131